掼蛋

从入门到精通

实战技巧篇

琰　清　编著

电子工业出版社
Publishing House of Electronics Industry
北京·BEIJING

内 容 简 介

在掼蛋牌局中，牌手需要重视实战技巧的学习和应用。通过掌握实战技巧，可以更好地应对各种情况，做出更准确的决策，获得更大的优势，从而提高自己的胜率和游戏水平。

本书详细介绍了掼蛋过程中的关键技巧，包括记牌、算牌、配合、应变、套牌、炸牌、控牌等。如果您想成为一名优秀的掼蛋牌手，学习并掌握这些技巧是非常必要的。

图书在版编目（CIP）数据

掼蛋从入门到精通. 实战技巧篇 / 琰清编著. －北京：电子工业出版社，2024.7
ISBN 978-7-121-48005-8

Ⅰ . ①掼… Ⅱ . ①琰… Ⅲ . ①扑克 – 牌类游戏 – 基本知识 Ⅳ . ① G892.1

中国国家版本馆 CIP 数据核字（2024）第 110797 号

责任编辑：张　毅
印　　刷：三河市兴达印务有限公司
装　　订：三河市兴达印务有限公司
出版发行：电子工业出版社
　　　　　北京市海淀区万寿路 173 信箱　　邮编：100036
开　　本：880×1230　1/32　印张：4.125　字数：93 千字
版　　次：2024 年 7 月第 1 版
印　　次：2024 年 7 月第 1 次印刷
定　　价：39.90 元

凡所购买电子工业出版社图书有缺损问题，请向购买书店调换。若书店售缺，请与本社发行部联系，联系及邮购电话：（010）88254888，88258888。

质量投诉请发邮件至 zlts@phei.com.cn，盗版侵权举报请发邮件至 dbqq@phei.com.cn。

本书咨询联系方式：（010）68161512，meidipub@phei.com.cn。

掼蛋，作为一项蓬勃兴起的扑克游戏，20 世纪 60 年代始于江苏淮安（故又称"淮安掼蛋""淮安跑得快"），推广于安徽，之后于北京、上海等地流行，2023 年更是席卷了大江南北，成为圈层社交的新宠，受到了人们的追捧。

在掼蛋牌局中，牌手需要重视实战技巧的学习和应用。通过掌握实战技巧，可以更好地应对各种情况，做出更准确的决策，获得更大的优势，从而提高自己的胜率和游戏水平。

记牌：这是最基本的技巧之一。记牌可以帮助牌手预测下一步的出牌情况，并相应地调整自己的出牌策略。

算牌：通过记忆和分析牌局，牌手可以更好地判断对方的牌型和出牌策略，从而制定出更优的战术。

配合：配合是掼蛋牌局的纽带。要想形成牌力叠加的效果，需要牌手之间相互配合。

应变：在面对不同的牌局和对手时，牌手需要灵活应变，及时调整自己的出牌策略。根据实际情况制定最优的出牌方案，可以帮助牌手更好地掌控牌局。

套牌：套牌可以减少出牌的轮次，从而提高胜率。但是，如何套牌，是有讲究的。

炸牌：作为掼蛋牌局中锋利的"武器"，炸弹具有扭转牌路、闯关与阻击闯关、护牌与阻挡等作用。因此，如何合理炸牌，就成了掼蛋牌局中至关重要的技巧。

控牌：控牌能力的高低往往决定了牌手在牌局中的胜负。在掼蛋的过程中，每一位牌手都需要对自己所出的牌、对方所出的牌以及牌型、牌路、牌局进行控制和把握，以便让自己保持优势。

本书将详细介绍掼蛋过程中的关键技巧，包括记牌、算牌、配合、应变、套牌、炸牌、控牌等。如果您想成为一位优秀的掼蛋牌手，学习并掌握这些技巧是非常必要的。

掼蛋的牌技属于技能的范畴，技能是可以通过不断实战而得到提升的。正所谓"熟能生巧""曲不离口、拳不离手"，要想提高牌技还是要靠实战，在实战中学会适应变化，学会顺应牌理。

在实战中学习，在实战中总结，在实战中运用，这才是不断提高牌技的良性循环和制胜法宝。

目录

第1章

记牌技术

在掼蛋牌局中，记牌是一项非常重要的技能，可以帮助牌手更好地了解牌局的进展，并做出相应的策略选择。本章将介绍牌手在掼蛋牌局中需要记住哪些牌，怎么记牌，以及如何提高记牌能力。

1.1　记牌的作用和目标

在掼蛋牌局中，出牌时不允许问其他牌手已出的牌，也不允许翻看已出的牌，因此，想要推断其他牌手手中的余牌，唯有自己记牌。

1.1.1　记牌的作用

记牌是一项非常重要的技能，可以帮助牌手更好地了解牌局进展并做出相应的策略选择。

通过记牌，牌手可以准确地判断自己和对方的牌型，从而更好地制定出牌策略；通过记牌，牌手可以预测牌局进展，比如记住某些关键牌的出牌顺序，从而更好地判断下一步的出牌情况；通过记牌，牌手可以避免一些常见的失误，比如错过出某张关键牌的机会或者误出某张牌导致局势逆转；通过记牌，牌手可以更好地掌握牌局，提高自己的胜率。特别是在牌局的中后期，更加考验牌手的记牌能力。

总之，记牌就是为了做到"知己知彼，百战不殆"。记牌能力越强，算牌能力越强，牌技就越高。可以说，掼蛋不记牌，等于瞎胡来。

1.1.2　记牌的目标

一般来说，牌局中的牌分为明牌和暗牌。所谓明牌，即进贡的牌，还贡的牌，行牌过程中打出的牌；所谓暗牌，即牌手手中的余牌。

因此，明牌是牌手记牌的目标。

那么，在掼蛋牌局中，需要记住哪些牌呢？

根据牌的属性，可分为大牌、关键牌、炸弹。

至于要记住多少，从理论上讲，能记住全部的明牌最好，但这显然是不可能的。因为打出去的牌是以各种类型出现的，数量从最少的单牌到五六张甚至更多，所以记起来是相当有难度的。事实上也没有必要，哪怕是掼蛋高手，也不可能记住所有打出的牌。

1.2　记住大牌

根据掼蛋记牌的种类，牌手首先要记住大牌。

在掼蛋牌局中，大牌是指红心级牌、王牌、级牌、A（在级牌不为 A 的情况下，有 8 张）、高张（花牌 K、Q、J）。

根据掼蛋规则，进贡牌必须是除红心级牌外自己手中最大的牌。所以，进贡牌都是大牌。

之所以记住大牌，一方面是通过掌握登基牌，了解自己的牌力变化——己家余牌中哪些牌已经登基；另一方面是推断其他牌手的牌力，以及暗牌中的大牌在谁的手中。

登基牌不仅可以用来闯关，还可以用来逼炸、回手、阻断等。更重要的是，随着牌局的推进，登基牌会不断发生变化。

大王是单牌中的登基牌，对大王是对牌中的登基牌，3 张级牌是三同张中的登基牌，3 张级牌加 1 个对子是三带对中的登基牌，10JQKA 是顺子中的登基牌，QQKKAA 是三连对中的登基牌，KKKAAA 是三顺中的登基牌。

随着牌局的推进，如果 2 张大王被打出了，那么小王就在单牌中登基；如果 4 张王牌都被打出了，那么级牌就在单牌中登基；如果王牌和级牌都被打出了，那么 A 就在单牌中登基。

以此类推，其他牌型亦是如此。

通过记住大牌，牌手可以了解自己的牌力变化。这是制定合理战术的前提。

1.2.1　新手记住大牌的要求

刚入门的新手，只需记住 4 张王牌和 6 张级牌即可。

以打 6 为例，新手应记住的大牌如下：

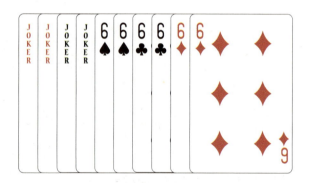

王牌是单牌和对牌中的登基牌，如果打出 1 张大王，对小王就会成为对牌中的登基牌；打出 2 张大王，小王就会成为登基牌；打出 4 张王牌，级牌就会成为单牌、对牌、三同张和三带对中的登基牌。

1.2.2　熟手记住大牌的要求

熟手需要记住 4 张王牌、6 张级牌和 2 张红心级牌。

以打 6 为例,熟手应记住的大牌如下:

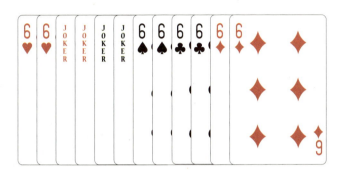

1.2.3　高手记住大牌的要求

高手不仅要记住 4 张王牌、2 张红心级牌、6 张级牌、8 张 A,还要记住所有的花牌。

以打 6 为例,高手应记住的大牌如下:

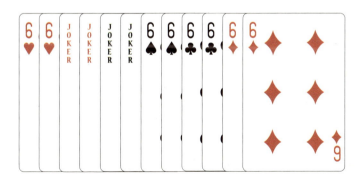

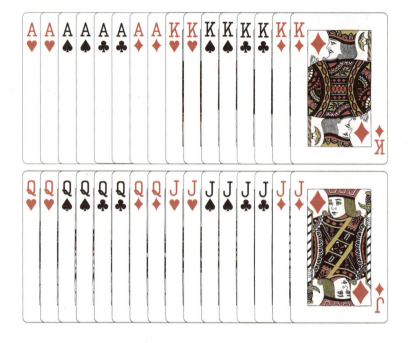

1.3　记住关键牌

在掼蛋牌局中，要把明牌的花色和数字全部记住是比较困难的，牌手可以根据具体的情况，只记住影响牌局的关键牌，这样既方便又能提高胜率。

1.3.1　记住 5 和 10

5 和 10 是掼蛋牌局中组成顺子的必须牌张，每一把顺子必须有 5 或者 10，不然就不能成为顺子。所以，记住这两张牌可以帮助牌手准确地推断外面的顺子，尤其是同花顺的存在情况。

　　例如，在上一轮中，上家出了 1010，对家获得出牌权后出了 10101033，己家余牌为 101010，如果组成顺子 910JQK，那么这个顺子就是顺子中的登基牌；如果组成同花顺 678910，那么这个同花顺同样也是后面同花顺中的登基牌。

1.3.2　记住己家手中的缺张和单张

　　之所以要记住己家手中的缺张和单张，是因为己家手中的缺张外面可能有同牌炸，而己家手中的单张外面可能有三带对。

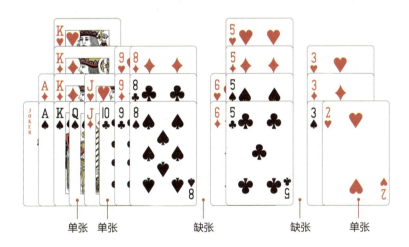

　　　单张　单张　　　　　缺张　　　　缺张　　单张

1.3.3　记住还贡的牌

　　若进贡方为对方，牌手则需要记住还贡的牌。还贡的牌要么给对方补缺，要么就是对方的赘牌。因此，牌手要留意对方是否打出还贡牌，若未打出则表明对方成功补缺。

1.3.4 记住一些特殊的小牌

记住一些特殊的小牌，如下面这副局部牌（级牌为 2）：

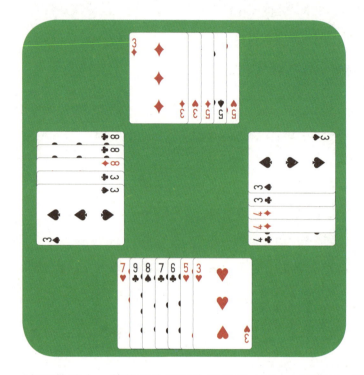

在这轮牌中，其他三位牌手先后出了 6 张 3，还剩下 2 张 3，己家有红心 3，外面还有一个方块 3，那么这个方块 3 就是需要记住的特殊小牌。

1.4 记住炸弹

在掼蛋牌局中，炸弹的威力巨大，既可以用来扭转牌路，也可以用来闯关与阻击闯关，还可以在残局时护牌与阻挡。因此，在行牌时需要记住炸弹。

记住炸弹，可以据此推断外面还有没有炸弹，这是冲刺阶段制定合理战术的前提。

1.4.1　记住炸弹数量

在掼蛋牌局中，需要记住每位牌手是否出过炸弹，以及打出炸弹的数量。

每位牌手的全手牌为 27 张，每位牌手手中炸弹的平均手数为 3 手。因此，牌手有 4 手以上炸弹的概率并不大。

除数量外，牌手还需要记住炸弹的花色。这样可以更好地判断对方的牌型和可能的出牌策略。

1.4.2　记住炸弹质量

一般情况下，掼蛋牌手会从小到大依次出炸弹，先出四头炸，再出五头炸，最后是同花顺、六头炸。因此，根据牌手打出的炸弹质量，可以推测其手中是否还有炸弹。

若打出过五头炸，那么再打出四头炸的可能性就很小了；若打出过 10JQKA 的同花炸，那么还有炸弹的可能性也很小了。

另外，还需要记住红心级牌出过的张数，因为红心级牌常用来配炸弹。如果到了牌局的中后期，红心级牌还没有打完，那么外面就很可能还有炸弹。

1.5　记住牌型

在掼蛋牌局中，记住牌型的作用主要有两个：其一，判断其他牌手的牌力，尽可能避免出错牌；其二，通过记住对家和对方的牌型，推断其余牌的组合方式。

1.5.1　记住首发牌型

根据每位牌手的出牌习惯进行分析，第一轮打出的一般都是自己手中比较有优势的牌型。记住每位牌手的首发牌型，并在之后出牌的过程中尽量避开这些牌型。

留意其他牌手出的牌型，尤其要留意某位牌手将场上的其他牌手全部管控获得出牌权之后，第一次主动出牌的牌型，因为这很可能就是这位牌手手中占比最大的牌型。通常的打法是一下顶到位之后，再去打自己手中最多的牌型，方便走牌。

1.5.2　记住对方不要的牌

在掼蛋牌局中，记住对方不要的牌可以帮助牌手更好地了解对方的牌型及其可能的出牌策略。

对方不要的牌分为不要的牌型和某牌型过牌的牌点。对于对方不要的牌，己方获得发牌权后可继续出此牌型。

需要注意的是，这也不是绝对的，而是需要根据实际情况进行调整。在掼蛋牌局中，最重要的是灵活应变和准确判断。同时，也要保持冷静，观察和分析对方的出牌情况，以及与搭档默契配合。

1.5.3　记住对家需要的牌

　　在掼蛋牌局中，根据对家需要的牌可以推断出其牌型的组成情况及牌力强弱。牌手在出牌时，可依据其手牌情况，决定是否过牌，并在领出时决定领出的牌型。

　　对家需要的牌分为对家要的牌型和某牌型的牌点。

第2章

算牌技术

　　在掼蛋牌局中，算牌是非常重要的技巧之一。通过算牌，牌手可以更好地掌握牌局，提高胜率，避免失误，准确判断牌型和合理组牌。

2.1 精准捕捉牌面信息

算牌，首先要读懂牌语，精准捕捉牌面信息。

在扑克牌游戏中，牌手的沟通不是靠语言，也不是靠手势，而是靠牌语，也就是牌手打出的每一手牌。

在掼蛋牌局中，打出的每一手牌都含有一定的信息。掼蛋竞技，就是解码和读懂这些信息，并且利用这些信息制定攻、守等策略。

每一手牌都有牌语，通过这手牌，牌手可能要告诉对家：我在做什么、我的牌型如何、我的牌力强弱等信息，以及我的意图是什么。读懂了这些，就能获取别人的手牌信息，然后根据获得的信息找到相对科学的出牌方法。

2.1.1 牌语是出牌的依据

在掼蛋牌局中，能读懂牌语，识别牌语，就能最大限度地发挥自己打牌的技术水平。

掼蛋高手，都是通晓牌语的高手。

读牌，首先要看懂自己手里的牌，在这个基础上，再读懂其余三家的牌语。

读懂自己手里的牌，主要是看大牌的数量，单不单控，炸弹的数量和质量，牌是否整齐，弱轮次的数量，是否有掌控力（是否能获得出牌权），等等。

读懂其余三家的牌语，就是读懂在行牌过程中其他三位牌手所释放的信息。

如下面这副牌（级牌为 2）：

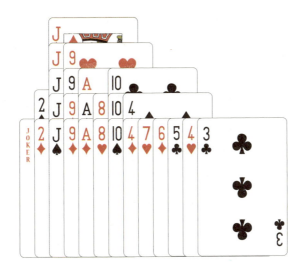

在这副牌中，牌手领出，先打出了 3 个 10 带对 4，其他牌手都不要，该牌手又打出了顺子 34567，走了 10 张。从这 10 张牌中你能读出哪些信息？

第一，应该没什么单张，牌型相对来说比较整齐。

第二，不见得还有顺子，但一定还有一个牌点大于 10 的三带对，因为牌手若有相同的三带对一般会先出一个。

如果对家和对方读懂了这些牌语，获得出牌权后，应该如何应对呢？

对家上手以后可以打三带对，最好不要打太小的三带对，否则对方也容易套一手。

对方上手以后可以打顺子、打单张，但不要打三带对。

2.1.2 读懂牌语

开局领出单牌，尤其是小单牌，此时的单牌就是个信号，对家应该能够读懂搭档传递的"强牌""最起码有争上游的机会""需要你的配合支持"等信息。

开局领出三带对或顺子，一般会有打有收，向对家亮出自己的优势牌型。掼蛋俗语中"枪打第一顺，后面还有顺"，道理就在这里。如打出去后无法收回出牌权，说明自己的这个牌型比较弱，其他牌型或许稍强。

己家出顺，下家不要，上家也不要，说明上家火力不足；己家再出顺，下家继续不要，说明下家炸弹也不足，起码是无小火（没有小炸弹）。

双贡出单，实际上是在明确告知搭档：本人牌力中上，定位为主攻，有争上游的机会，有小单张，要尽快打出去，希望搭档积极配合，以便本人力争上游。

开局出对牌，一般属于试探或进攻的牌型。若为试探，即看看对家的牌力如何；若为进攻，即代表对牌多，是自己的优势牌型。

如下面这副牌（级牌为2）：

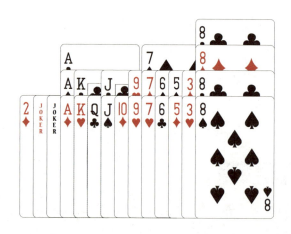

在这副牌中，己家先出，牌力中下，出 33 进行试探，下家出 55，对家出 66。在这种情况下，可能存在的牌语主要有两点：第一，对家的牌比较有竞争力，如果对家牌力弱，就会采取辅助策略，不会打 66；第二，对家可能对牌较多，可以跟着套牌。

2.2　算牌的方法

《孙子兵法》有云："多算胜少算，而况于无算乎！"掼蛋牌局亦是如此。

在掼蛋牌局中，算牌是指通过己家的全手牌和其余三家牌手已出牌情况的统计和分析，推断出对家和对方的牌型，比如估算大牌在哪一方、炸弹的数量、某位牌手的优势牌型，进而制定更合理的出牌策略。

在掼蛋牌局中，一时的失误可能会导致整局游戏的失败。通过算牌，牌手可以更好地避免失误，提高自己的掼蛋水平；通过算牌，牌手可以更好地掌握牌局，预测对家和对方的出牌情况，从而制定更合理的出牌策略，提高胜率；通过算牌，牌手可以更好地组合手中的牌，提高打牌水平。

总之，在掼蛋牌局中，算牌是非常重要的技巧之一。通过算牌，牌手可以更好地掌握牌局，提高胜率，避免失误，准确判断牌型和合理组牌。因此，在掼蛋游戏中要重视算牌技巧的运用。

要想把掼蛋打得精准，就要把算牌当成习惯，如对大小王与级牌的分布、其他牌手各打出了多少、对家及对方的牌型特点，尤其是"空门"情况等，要悉数掌握，这样出牌才有针对性。

2.2.1　通过全手牌算牌

　　全副牌抓完，每位牌手手中各有 27 张牌，通过查看自己的全手牌，牌手可以推测出大牌和同牌炸的情况。

　　♥ 通过全手牌算大牌

　　根据全手牌的牌点和张数，推测出其他三家有几张大牌。

　　如下面这副牌（级牌为 5）：

　　在这副牌中，牌手的大牌有大王、小王、4 张级牌 5、3 张 K、4 张 Q、1 张 J，那么，其他三家有大王、小王各 1 张，红心级牌 2 张，级牌 2 张，A 8 张，K 5 张，Q 4 张，J 7 张。

王牌已确定

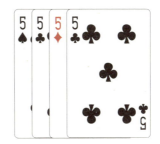

其他牌手有 3 张级牌的概率
小，可能会有级牌对牌

其他牌手有 3 张 K 的概率
小，可能会有对 K

其他牌手有 3 张 Q 的概率小

其他牌手可能会有 J
同 牌 炸 或 3 张 J 或
三带对

♥ 通过缺张或单张算同牌炸

如果全手牌中有缺张或单张，那么其他牌手可能会有同牌
炸或三带对。在行牌过程中，牌手要注意观察其分布情况。

如下面这副牌（级牌为 5）：

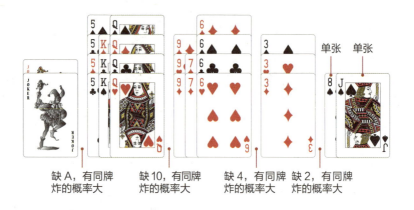

缺 A，有同牌　　缺 10，有同牌　　缺 4，有同牌　缺 2，有同牌
炸的概率大　　　炸的概率大　　　炸的概率大　炸的概率大

2.2.2　通过暴露张算牌

暴露张，包括贡牌和已出牌。那么，如何通过暴露张算牌呢？

♥ 通过贡牌算大小王

根据掼蛋规则，下游需向上游进贡，而且进贡牌必须是自己手中最大的牌。所以，根据下游向上游进贡的牌，就可大概推测出王牌在谁的手中；若抗贡，更能表明大王在哪家。

双贡的情况下，如果己家手中没有大王和小王，上家和下家分别进贡 1 张大王、1 张小王，那么对家肯定有 1 张大王；如果进贡 2 张小王，那么 2 张大王都在对家手中。

单贡的情况下，如果己家为三游，手中没有王牌，下家向对家进贡 1 张大王，那么对家就有 2 张大王，而 2 张小王可能在对家、上家和下家手中。

♥ 通过已出牌排除同牌炸

当某个牌点的牌已出 5 张，便可推断出现这个牌点同牌炸的概率几乎为零。如果根据红心级牌来推断，准确率就会更高。

♥ 通过已出牌预判牌型

　　首先举个例子，级牌为 5，下家领出 22233，对家 QQQ22 管控，上家 AAA33 管控获得出牌权。上家打出 44466，恰好己家手牌有 3333 和 22，此时 8 个 3、7 个 2 全出现了，剩下的一张 2 就是单牌。

　　单牌 2 在外面只有两种情况：一种是单牌，另一种是用红心 5 作 3 配成顺子或同花顺。由此可以初步推断：其一，在上家成为单牌的概率极大；其二，在下家组成顺子的概率极小，组成同花顺的可能性较低；其三，对家组成同花顺的可能性也存在，拆 222 成单牌的概率较小。

　　有了初步判断后，再根据单牌 2 的花色和后面的出牌情况进一步验证，当两张红心 5 出来时就可以确定了。

　　这是最简单的逻辑推理算牌方法，在打牌的过程中预判很重要，而预判的基础就是记住已经出过的牌，然后从对方的组牌方式中推断他未出的牌。

　　接下来，介绍一些稍微复杂的牌型预判方法。比如，常见的有两种：顺子和三带对。有的人只知道顺子和三带对是冲突的，打顺子的人往往不要三带对，但这其实并不是绝对的。

　　为什么顺子和三带对冲突呢？打顺子是不是就不要三带对，打三带对是不是就不要顺子？其实不是这样的。

　　合理组牌的核心思想是减少手数和获得控牌权。当然，控牌权比手数更重要。高手拆对子、三同张，甚至用炸弹打单牌就是为了控牌。在单牌不多的情况下，组成顺子一般是为了减少单牌，组成同花顺和炸弹是为了获得控牌权。当然，用同花顺和炸弹未必一定能获得控牌权，因为别人可以用更大的同花顺或炸弹夺回控牌权。正常情况下，用一把顺子去打一个以上的炸弹是不合理的。以此为出发点，我们就可以知道在顺子的行程（如23456，顺子的行程即为2到6）内往往只有单牌、对子或者四头炸。除非要压住别人的顺子，一般情况下顺子行程内的单牌不应超过2张。若为了获得同花顺而拆炸弹，一般只会把五头炸变成四头炸，不会轻易把四头炸拆成顺子或三同张，这就是顺子和三带对冲突的原因。

根据顺子的行程可以预判对方手中的牌，尤其是两把及以上的顺子，根据顺子行程的重叠情况基本上就可以预判对方的整个牌型了。比如，打Q，进贡方进贡了A，出顺子A2345。其他三家都过牌，进贡方继续出顺子78910J。根据贡牌A，可知进贡方手中除了红心Q，不会有其他花色的Q，6不可能是单牌，如果是单牌，就会组到第一把顺子里而不出A了，因此三同张是6和K的概率较大，同样6和K也可能是炸弹。在顺子的行程内，对子可能比较多，也可能是三连对，同花顺的概率也较大。因此，他的上家防守拦牌时，单牌和对子一定要从10或者J拦起。根据他的出牌情况可以进一步判断K和A有几张，再根据陆续打出来的牌和自己手上的牌，基本上就可以确定对手的牌型。

预判牌型时，看对方没出过什么比看他出过什么更重要。比如，有人出了45678和10JQKA两把顺子，顺子行程之外只有2、3和9没出来，那么这几张牌成三同张或炸弹的概率就比较大。如果一个人出了23456，被对手34567压住了，那么他手上剩下的牌7以上的三同张的概率就很大。千万不要认为打了顺子就不要三带对，一定要看顺子的行程。

同理，对牌、单牌和其他牌型一样也能提供很多信息。比如，大牌少但连续出对牌，不是炸弹多就是有巨炸；再比如，连续发对牌，那么对牌就是核心牌型。

2.2.3　通过余牌预判牌型

♥ 余 10 张牌

余 10 张牌时，余牌的牌型可能有三带对、顺子、五头炸、同花炸、四头炸、单牌等。

♥ 余 9 张牌

余 9 张牌时，余牌的牌型可能有三带对、顺子、同花炸、五头炸、四头炸、单牌、对牌等。在排除有两个炸弹的情况下，可以将牌型组合分为有炸弹和无炸弹两种情况：有炸弹，那就没有三带对或顺子；无炸弹，那就是三带对或顺子。

♥ 余 8 张牌

余 8 张牌时，余牌的牌型可能有单牌、对牌、三同张、同花顺、五头炸等。

♥ 余 7 张牌

余 7 张牌时，余牌的牌型可能有单牌、对牌、四头炸、五头炸、同花炸。

♥ 余 6 张牌

余 6 张牌时，余牌的牌型可能有单牌、对牌、四头炸、五头炸、同花炸。按照余牌为 2 手进行算牌，可推测其余牌为顺子加单牌、三带对加单牌、四头炸加单牌、同花顺加单牌四种情况之一。

♥ 余 5 张牌

余 5 张牌时，余牌的牌型可能有单牌、三带对、顺子、四头炸。按照余牌为 2 手进行算牌，可推测其余牌为顺子、三带对、四头炸加单牌三种情况之一。

♥ 余 4 张牌

余 4 张牌时，余牌的牌型可能有单牌、对牌、三同张、四头炸。

♥ 余 3 张牌

余 3 张牌时，余牌的牌型可能有单牌、对牌、三同张。

♥ 余 2 张牌

余 2 张牌时，余牌的牌型不是单牌就是对牌。

第3章

配合技术

配合是掼蛋牌局的一种纽带。掼蛋是团队对抗游戏，因此想争上游的人必然会遭到对方的强烈阻击。所以，对家的配合与帮助必不可少。那么，怎样才能配合好，如何从细节处去相互配合才能形成牌力叠加的效果呢？

3.1 配合的技巧

掼蛋中两两捉对、相互对垒，自然少不了与对家之间的相互配合。在双方实力相当的情况下，哪一方配合默契，哪一方胜率就高，就能赢得最后的胜利。

3.1.1 配合的基础

在掼蛋牌局中，无法人为控制牌力的强弱，但可以控制己方的配合程度，配合好了可以产生 1+1 > 2 的效果。绝大多数情况下，单打独斗是不行的。

信任是配合的前提。在掼蛋牌局中，相互信任是非常重要的，因为只有通过相互信任才能更好地配合，两个毫无信任感的人不可能有巧妙的配合。在游戏中，己家要相信对家的能力和决策，不要轻易怀疑对家的出牌意图。同时，己家也需要让对家相信你的能力和决策，以便更好地配合你。

互相体谅是配合的基础。懂得体谅别人，是一种高级的修养。互相体谅可以促使双方相互适应，保证配合的效能。在掼蛋牌局中，哪怕是高手，也有失误出错牌的时候。此时，作为对家，首先要考虑的是如何弥补失误。作为一项竞技游戏，出现失误在所难免，但要尽可能避免失误，切忌搭档一时打错了或者没有配合好，就埋怨指责人家，甚至把这种不好的情绪带到下一盘，这不仅无益于提高牌技，也影响了娱乐的兴致和初衷。

3.1.2　确定主攻和助攻

己家和对家之间该如何配合才能形成牌力叠加的效果呢？

如果你问掼蛋牌手，对门之间如何配合？绝大多数牌手会脱口而出：一攻一守。的确，确定主攻（攻）和助攻（守），然后各司其职，这无疑是最佳的方法。

行牌之初，迅速确定各自的角色，是配合默契的前提。只有找准了各自的角色，才能做到不缺位、不越位，各司其职，有效配合。

如何确定攻守角色呢？无论是领出牌还是首跟牌，对门中第一个出牌的人应尽量通过牌语发出明确的信号。

主攻以我为主，争取胜利；助攻甘当幕后，助力对家。强牌主攻，弱牌助攻。

要想在所出的牌型上相互配合，对门之间应尽可能保持一致，不要轻易改变角色，待到真正需要改变时再果断改变，并发出正确的信号。要在火力支援上配合搭档，为了掩护搭档争上游，必要时还得下炸吸引火力、拆牌送牌、不顶不顺，这时牺牲自己就是为了帮搭档开辟道路、扫清障碍。当主攻遭到对方阻击，牌力损失过大，后期无法冲刺时，助攻就要接过主攻的重担。

3.2　传牌的原则

掼蛋领出牌的方式不同，其目的也不同：按照己家的牌面领出为主攻，以辅助对家领出则为助攻。以助攻对家为目的的领出即为传牌。

传牌是掼蛋牌局中最基本也是最重要的方式之一。通过有效的传牌，己家与对家可以更好地组织进攻，形成合力，从而在游戏中占据优势。

传牌在掼蛋牌局中具有非常重要的作用：

第一，通过传牌，牌手可以将自己的意图和计划传递给对家，从而形成团队作战。

第二，通过传牌，牌手可以控制局面，掌握主动权。

第三，传牌是配合战术的重要手段之一。通过传牌，牌手可以与对家形成默契，共同应对对方的攻击。

第四，通过巧妙的传牌，可以误导对方，使其做出错误的判断。

因此，在掼蛋牌局中，牌手需要熟练掌握传牌技巧，根据实际情况灵活运用，从而在游戏中取胜。

3.2.1　传牌前要准确判断

传牌需要建立在准确判断的基础之上。如果判断不准确，不仅无法传递有效的牌，还有可能将牌误传到对方的手中，给对家带来麻烦。因此，在决定传牌之前，需要对牌局进行准确的判断和分析，包括对方的牌型、可能的出牌策略以及对家的牌型和出牌能力等。只有经过准确的判断，才能做出正确的决策。

如下面这副局部牌（级牌为 Q）：

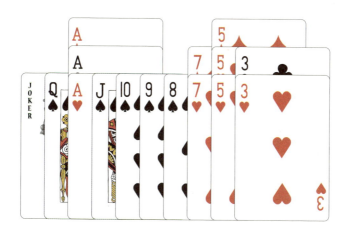

在这副局部牌中，己家领出55533，下家对家均过牌，上家 AAA66 管控获得出牌权，上家出44，己家出77，对家管控获得出牌权。之后，对家领出三带对。

显而易见，对家的出牌并不能起到助攻的作用。究其原因，就在于对家的判断不准确，未根据实际情况调整出牌策略。

如果经过判断后认为需要传牌，就应该果断去执行。此时，犹豫不决只会浪费机会，让对方有机可乘。传牌方犹豫，一是会让对方得到喘息的机会，二是会让对家误认为搭档搞不清他的牌型或没有这样的牌型。对家一旦转换牌路，原来的大好机会就失去了。

3.2.2　选择恰当的传牌时机

恰当的传牌时机是成功传牌的关键。

在掼蛋牌局中，如果在开局阶段就强行传牌，势必会遭到对方强烈的阻断。因为过早地强行传牌可能会让对方提前了解你的意图，从而易被对方阻截或使其做出应对举动。

因此，在传牌时，需要谨慎地选择传牌的时机和方式，避免过早地暴露自己的意图，以确保传牌成功。同时，也需要根据对方的出牌情况和牌型，灵活调整自己的传牌策略，以更好地应对对方的阻截和攻击。

3.2.3 传牌要有度

传牌要有度，即在任何时候传牌都要准确判断，不传无意义的牌，不要套用口诀传牌，不要用套路传牌，一切都需要根据实际情况和对方的情况做出灵活的选择和调整。

所谓传无意义的牌，是指要么是对家留了一手小单牌、小对子、小三带对、小顺子等死牌，要么是拆牌、变牌后领出一手没有多大作用的牌。如果己家获得出牌权后，继续出同类牌型，即传了无意义的牌。如此传牌，不但起不了助攻的作用，反而容易给对方套牌的机会。

掼蛋有句口诀：对家打什么，我就打什么。这句话只适合初学者，而且是在对家牌力强、自己牌力弱的情况下，围绕对家领出牌型出牌的策略。类似的口诀还有"有对必有顺""有顺必有对""对子怕三带对"，然后以此传一些莫名其妙的牌，这对对家而言毫无助攻的作用。

3.2.4 传牌要有防守意识

带着防守的助攻才是优秀的传牌，传牌不仅仅是将牌传给对家，更要与防守相结合。如果只注重传牌而不考虑防守，很可能会被下家套住或遭到对方的阻截，导致传牌失败或给对家带来更大的压力。

因此，在传牌时，需要根据自己的牌型和对方的情况，做出相应的防守策略。例如，如果自己的牌型较弱，可以优先考虑防守，避免被对方套牌或打乱自己的出牌节奏。同时，在传牌时，也需要根据对方的出牌情况和牌型，做出相应的调整，以确保传牌的成功率和效果。

3.2.5　要传信息明确的牌

传牌要传信息明确的牌。比如，对家吃贡大王，而在传牌之前，大王还没有出，己家上手后首先要传单牌，哪怕对家刚出过对牌。因为对家再要对子的概率是 50%，而有大王的概率是 100%。

3.3　传牌的方式与技巧

在掼蛋牌局中，传牌需要灵活运用不同的方式，根据游戏进程和对方的情况选择合适的传递方式，以达到最佳的传递效果。

3.3.1　传对家需要的牌型

传对家需要的牌型，即根据对家领出牌的牌语，己家要传出对家领出的牌型。

这种传牌方式的重点在于读懂对家的牌语。

如下面这副牌（级牌为 2）：

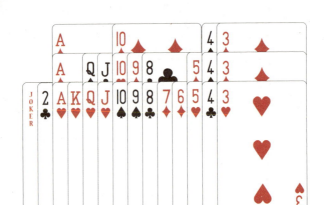

在这副牌中，如果对家助攻有效，争上游的概率会很大。那么，牌手领出时，该如何进行牌语提示呢？因为有两手顺子，所以领出 678910，即提示对家（搭档）可能还有一手顺子。一旦对家获得出牌权，在牌力弱的情况下，就可以考虑组一手顺子领出。

3.3.2　高单传牌

在掼蛋牌局中，高单传牌是传牌中最基本的方式，也是最常用的方式。

高单传牌是指将较大的单牌（包括 10、J、Q、K）传递给对家，以帮助对家组成更好的牌型或压制对方。

高单传牌必须同时具备两个前提条件：第一，拥有绝对的单牌优势；第二，自己的牌不太好发其他的轮次，想通过高单牌阻拦下家的中低单牌而使对家轻松获得出牌权。

如下面这副牌（级牌为 2）：

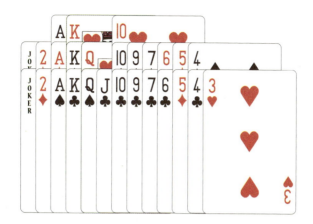

根据定位牌力三要素，这副牌有单牌优势，无炸弹，整齐度和控制力差，为了阻拦下家的中低单牌，就可以采取用高单牌 J 领出，传牌给对家。

高单传牌的优点在于，它可以快速传递信息给对家，让对家了解己家的牌型和意图，从而更好地配合出牌。同时，高单传牌也可以打乱对方的出牌节奏，使其难以应对。

3.3.3　中单传牌

中单传牌是一种相对稳健的传牌方式，通常在牌手的牌力适中时使用。中单牌是指 7、8、9 等中等大小的牌，牌手在传递这些牌时不会过于暴露自己的意图，同时也可以试探对方的反应和牌型。

选择中单传牌来试探性地出牌，可以避免过早地暴露自己的意图，让对方难以捉摸。同时，中单传牌也可以为后续的出牌和策略提供更多的选择和调整空间。

如下面这副牌（级牌为 2）：

这副牌中的单牌 7 就可以作为中单传递牌，因为 8 是缺张，所以下家有单张 8 的概率极小。

3.3.4　低单传牌

低单传牌是指将较小的单牌传给搭档，以帮助搭档组成更好的牌型或压制对方。这种传牌方式通常需要在对方的牌型较为明显或者对方的出牌方式较为规律时使用。通过观察对方的出牌情况和牌型，牌手可以推断出对方的牌力和牌型，从而更好地选择时机低单传牌。

3.3.5　对子传牌

对子传牌是传牌中一种很重要的方式。

当对家需要传对子时，搭档需要密切配合，及时传对子给对家。在传对子时，需要注意防守，避免下家阻断或打乱自己的传递计划。

作为传牌方，需要准确判断对家是否需要传对子。这需要根据对家的出牌情况和牌型来判断。如果对家需要传对子，那么传牌方需要及时传对子给对家，以帮助对家形成更好的牌型。

在传对子的过程中，传牌方需要注意传对子的时机和方式。传对子需要在恰当的时机进行，避免过早或过晚传递。同时，传对子的方式也需要注意，避免被下家阻断或打乱自己的传递计划。

3.3.6　残局传牌

掼蛋牌局到了残局阶段，对家还剩一手牌，若下家无力阻断，那么直接传最有把握的牌型给对家，就能帮助对家争上游。如果存在下家阻断的可能，己家应该如何传牌呢？

在残局阶段，不仅考验牌手对对家牌型的推断能力，更考验己方的大局观。

残局传牌的高手有时并不直接传牌，而是根据自己手中的可控牌型，先在其他牌型上做文章，当把对方牌型打乱后，再将对家急需的牌型传过去，此时对方由于刚才的消耗已经无力拦截了，这样就能轻松传牌给对家。

下面为某残局中的己家余牌（级牌为 3）：

在这个残局中，对家剩 2 张，根据牌局前半程的行牌推断，是一个中间对，上家有很多牌，下家还剩 3 张牌。下家剩 3 张牌，可能的牌型是三同张或者对牌加单牌。因此，己家可以出 88，将 22 留作传牌。下家出 QQ，上家不出，己家出 33，如果上家出炸阻断，己家可过牌，上家出单牌送对家，己家出大王阻断。己家获得出牌权后，打出 22 送对家上游。

在等待传牌的过程中，等待接牌的人要保持冷静，不要被搭档搞蒙，应当清楚搭档的意图。

3.4　让牌的技巧

所谓让牌，是指在行牌的过程中，自己的牌虽然可以顺套、阻击，但却做出了过牌的选择。

让牌并不是上家打的牌自己要不起，而是对家更想要、更适合要。让牌是一种高端的配合行为，是大局观的体现，是基于精准的判断而做出的选择。

让牌不等于示弱，而是为了全盘与大局。有时候就差一手牌，对家套了这手牌就能够冲刺，就可以争上游，但这时如果搭档或抬高或拦截或开炸，实际上都是挡了对家的路，当了上家的"桥"。尤其是在己家没有上游希望的时候，更不能任性拦牌。

在己家不想要、不方便要的时候让牌很简单，也不用纠结。难就难在己家也想要、也急于要，这时的让牌就是一种考验了。所以，关键还是在于判断，要读懂对家的牌语，看清对家的牌路，关键时刻果断让牌。

然而，很多初学者在打牌时"只要自己有，谁的牌都要"。这种打法是非常错误的，因为这有可能会让对家失去争上游的机会。

3.4.1　弱牌如何让牌

当己家牌力很弱时，要让上家的牌。实际上，让上家也就是让对家。比如己方双贡，对家起手放单牌，可以争取上游的信息明确。己家放单牌肯定传不过去，因为对方双大王，下家会用大单牌阻拦。此时如果上家发了一个小对牌，己家就算有对牌也不用顺套，因为己家即使套了对牌，也没有机会上游，但却可能阻拦住对家。下家通常不会拦搭档的牌。

如下面这副牌（级牌为 2）：

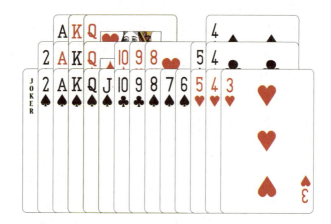

这是一副牌力较弱，没有机会争取上游的牌。上家出33344，己家可以顺套44455，但最佳选择是让牌，因为即使己家出这个三带对，也没有机会争取上游。即使己家让牌，对家也还是过牌了，这时就能大概推断出对家需要什么轮次了。

如果轻易顺牌、垫牌，有可能把牌抬大，对家过不去第二手牌；同时也可能导致牌型失去可变性，重组不了所需的牌型。如此一来，既有可能给对家传不过去他所需要的牌型，也有可能无法组出管控对方的某种牌型。

一般情况下，尽管牌力较弱，小单牌也是不能让的，可以用中单牌控制下家。

3.4.2　强牌如何让牌

如果牌手的牌力强，单控和炸弹的质量与数量、牌面的整齐度和控制力都很好，那么在这种情况下，该如何让牌呢？

如下面这副牌（级牌为2）：

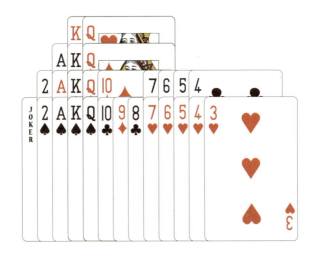

这是一副很快就能争上游的牌。无论对方领出什么轮次，牌手都可以选择接牌。比如，出单牌，套 9、小王；出对牌，套 1010、22；出三带对，套 AAA1010；出顺子、三顺、三连对，可以用四头炸。如果这样打，可能会让对方放弃，节省牌力去阻拦对家，最终导致对家成为下游。

在牌力强的情况下，牌手在对方领出牌时，除了需要控制小单牌，其他牌型的轮次也尽可能传给对家，或者使对家获得出牌权，尽可能消耗对方的牌力，从而保证牌局优势最大化。

3.4.3 单控式让牌

单控式让牌一般是对方双进贡己家。从牌力来看，单控优势明显。在这种情况下，该如何让牌呢？

如下面这副牌（级牌为 5）：

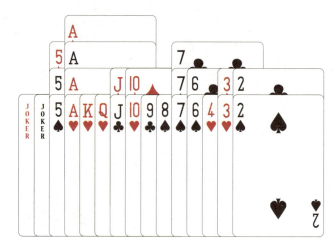

　　在这副牌中，从牌力三要素来看，只占单控优势。在这种情况下，套单的时候一定要让上家的高单牌，多让对家接单牌，以获得出牌权，领出整个轮次。对于对家领出的轮次，一定不能乱抢，避免给对方可乘之机。

第4章

应变技术

应变是掼蛋牌局的灵魂。掼蛋最大的魅力、最明显的特点在于变化，在于牌际组合间的变化。真正的掼蛋高手，能够根据出牌的情况随机应变，从容应对。

4.1　组牌的应变技巧

掼蛋是一个充满不确定性的游戏，因此，灵活应变是必不可少的技巧。例如，如果己家的牌型被看出破绽，或者搭档的出牌情况不理想，己家就需要及时调整自己的出牌策略，而不是死板地按照原计划进行。对局势的敏感程度和应变能力往往能决定牌局的最后结果。

接下来，介绍一些组牌的应变技巧。

4.1.1　把握组牌的变化性

组牌是牌手进阶的关键，也是最体现牌技水平的环节之一。组牌有三个重要原则：第一，轮次高于一切，轮次越少，最早走完的概率就越大；第二，保持牌型的可控性；第三，保持牌型的可变性，直到不需要变化为止。

很多初学者将自己的手牌按照自己所认为的最佳方法组合，拟定好自己的出牌计划，然后等着其他牌手按照自己的想法出牌。当有同类牌型出现时，他们如鱼得水，神气活现；一旦同类牌型没有出现，就会眼睁睁看着对方冲牌、清牌。把牌组死，守株待兔，不及时变换牌型，就会错失接牌或控牌的良机。

其实，在掼蛋牌局中，掼蛋的牌型不是一成不变的，牌手应该保持牌型的"活牌"状态，根据牌局形势的变化，尤其是上家出的轮次，及时调整、改变自己手中各类牌型的组合方式。

如下面这副牌（级牌为2）：

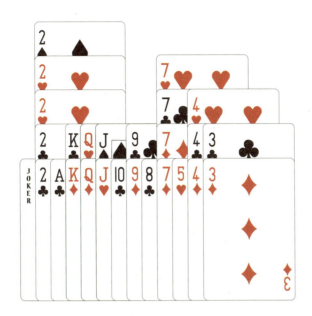

在这副牌中，分析牌力后，可以将其定位为上游牌。下面
介绍四种组合方式。

方式一：

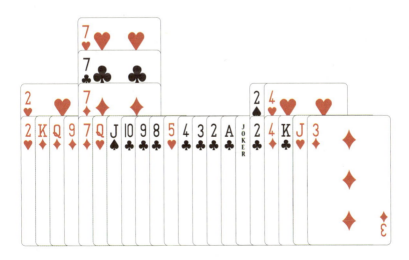

方式二：

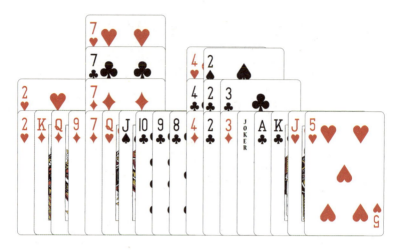

方式三：

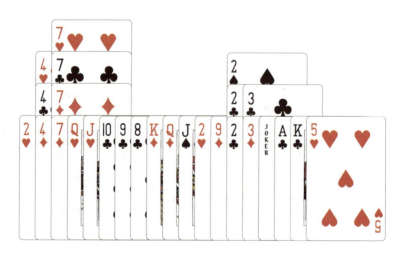

方式四：

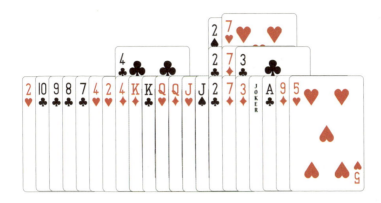

在掼蛋牌局中，要保持牌型的可变性，静态组合加上动态变化才是取胜之道。

4.1.2　保持牌型的可变性

对初学者来说，组成轮次少、可控的牌型是基本原则，不需要追求过度变化。保持牌型的可变性是掼蛋中的高级组牌方式。

保持牌型的可变性，以备不时之需。

如下面这副牌（级牌为 5）：

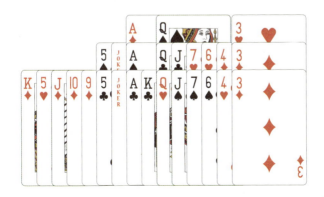

在这副牌中，上家领出 999101010，己家此时可以根据形势变换牌型，打出 JJJQQQ 阻断，组成同花顺 34567 和顺子 34567。

只要保持牌型的可变性，就能在行牌的中后期应对复杂的局面，就能在关键时候逆转牌局。否则，余牌就会露出空门，让对方有机可乘。

要想保持牌型的可变性，诀窍在于关键的关联张不能打出去。比如，下面的余牌里有 99、101010、JJ，那么 10 就是关键的关联张。在复杂的情况下，要尽量保留 10，因为保留 10 的话，三带对可以接，对子可以接，三连对也可以接，但如果你打出去 1 张 10，那就只能接三连对了。

保持牌型的可变性，还会涉及红心级牌。从出牌的合理性考虑，应尽可能地将红心级牌留到最后。

4.2 变牌的技巧

掼蛋最大的魅力、最明显的特点在于变化，在于牌际组合间的变化。而变牌是一种适应牌局变化的策略和技巧，能够帮助牌手在掼蛋牌局中最大限度地获得牌场上的最大利益。

变牌，是指在行牌的过程中，手牌随势而变，即根据牌局的变化所做出的科学的、及时的调整。

虽说要保持牌型的可变性，但也不是所有的牌都不定型。比如，起手组成的顺子23456，就没必要非变成5张单牌去打。

如下面这副局部牌（级牌为2）：

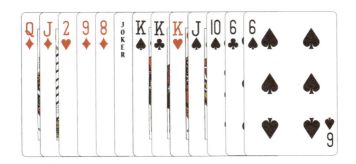

在这副局部牌中，如果上家出单牌5，己家是出10还是J呢？多数人会把10打出去，而掼蛋高手则会打J。为什么？保留10可以随时变换牌型。之后，如果出单牌，可以套小王；如果出三带对，可以套KKK66；如果出对牌，可以套66；如果出顺子，可以将红心级牌2与KKK组成四头炸，组合成8910JQ的顺子。可以说，保留10，就保留了应对牌局各种变化的可能。

特别是在牌局的中后期，要及时根据场上的局面变换牌型。

变牌的前提，是在前期要做好变换牌型的准备。

如果手中有"132221"型、"122231"型、"122221"型的牌，就可以顺子连对随机变。

如下面这副局部牌：

在这副局部牌中，有两种变换方式，牌手可以根据对方的牌型随机应变。

方式一：顺子 8910JQ 和 78910J、单牌 8，这种变换方式主要用来阻击对方的顺子。

方式二：三连对 991010JJ、三同张 888、单牌 7 和 Q，这种变换方式主要用来阻击对方的三连对。

再看下面这副局部牌：

在这副局部牌中，可以组成两个顺子，如果下家出三连对334455，对家和上家都没要，此时己家可以考虑调整牌型，用991010JJ管控。这种变换方式只有在己家为末家出牌者时可以使用。

4.2.2　顺子与同花顺之间的变换

如下面这副局部牌（级牌为 2）：

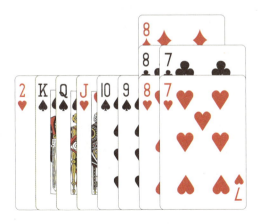

在这副局部牌中，用红心级牌组成同花顺是最佳的选择，但是，如果对方出现顺子，牌手就可以用顺子910JQK接牌。

顺子与同花顺之间的变换，还有一种方式，可以通过调整顺子、同花顺的大小来实现，即增强顺子的牌力、减弱同花顺的牌力。

如下面这副局部牌：

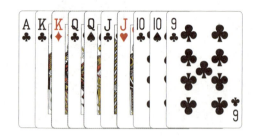

在这副局部牌中，有同花顺 10JQKA 和顺子 910JQK。如果对方出顺子 910JQK，己家可以出顺子登基牌 10JQKA 或同花顺 910JQK。尽管这个同花顺比顺子小了一级，但却增强了顺子的牌力，甚至凭借此登基牌获得了出牌权。

4.2.3 对牌与三带对之间的变换

如下面这副局部牌（级牌为 5）：

在这副局部牌中，有两种变换方式。

方式一：1 个同花顺、2 个四头炸、3 个对牌。

方式二：1 个同花顺、1 个四头炸、2 个三带对。

根据对方的出牌情况，己家可以通过变牌来应对，出对套对，出三带对套三带对。

4.2.4 顺子之间的变换

如下面这副局部牌：

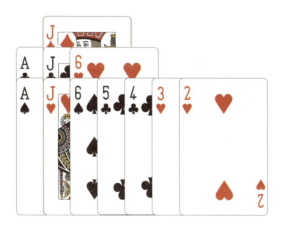

在这副局部牌中，正常的组合是顺子 12345、三带对 JJJ66、单牌 A。如果对方出对牌，可以调整牌型，用 AA 管控，组成顺子 23456。

4.3 拆牌的技巧

拆分和组合，就像掼蛋牌局中的攻和防、控和放……都是根据牌路、牌情、牌局等需要，做出的积极的调整策略和举措。

由于掼蛋牌局的牌型千变万化，因此牌手要随时根据对方的出牌情况来调整自己的牌型，于是很多时候要把成型的牌路拆开重组。比如，当己家手中有优势牌，但没有相应的牌型时，就可以将手中的某一组牌拆成优势牌的牌型，主要是单张。再比如，当对家手中有某种优势牌或牌型时，就可以将自己手中的牌拆成非这种牌型的牌。

拆牌是掼蛋牌局中重要的技巧之一，可用于套牌、防守、阻击、传牌等。

如下面这副局部牌：

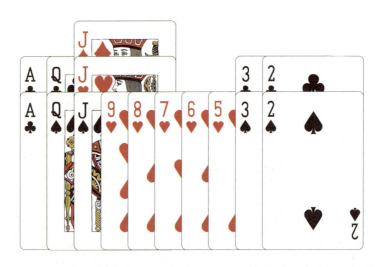

在这副局部牌中，三连对 AA2233 是赘牌，如果上家出22，那么己家就应该拆分 AA2233，出 33。如此拆牌，可以应对对方接下来的领出牌。

4.3.1　单控情况下的拆牌

在行牌的过程中，当发现对方不要单牌，而己家又控单时，牌手可以考虑拆牌，化整为零。

如下面这副牌（级牌为 2）：

在这副牌中，有 3 张王牌、2 张级牌，单控优势明显。此时，要先出 4，之后出小王获得出牌权，然后再拆 666 打单牌 6。

4.3.2　拆牌以减少手数

手数要减少，拆牌能奏效。比如，手牌有 3 个三同张和 1 个对牌，当有这类牌型时，不妨考虑从其中 1 个三同张中拆出 1 张单牌顺过，留出 2 个三带对牌型，从而减少手数。

如下面这副局部牌：

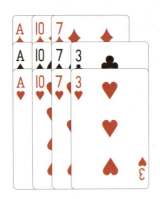

在这副局部牌中，可以拆分 101010 为 10 和 1010。如此拆牌，就可以减少轮次。

4.3.3　拆牌以消耗对方牌力

当己家的牌力非常强时，为了消耗对方牌力，保护对家，除了可以让对家接风，还可以拆开打，尽量"吸引火力"以消耗对方牌力，保存对家实力。这是一种在残局中经常出现的情况。

如下面这副残局牌（级牌为 6）：

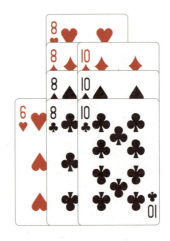

在这副残局牌中，实际上就剩下 2 个四头炸。已家发牌，正确的做法是：先发 101010，再发 88888（红心级牌 6）。

4.3.4 拆同花顺为顺子

如果已家牌力超强，到了残局阶段，只剩下 2 个大小差不多的同花顺，又有出牌权，且其中有 1 张红心级牌时，为了确保能争上游，可以将其中一个同花顺拆分成顺子，引诱对方出炸弹阻击，从而消耗对方牌力，减轻对家的压力。

如下面这副局部牌（级牌为 10）：

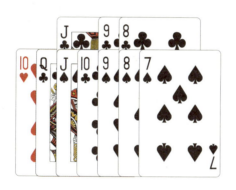

在这副局部牌中，可以拆分梅花 8910JQ，先组成同花顺 8910JQ，再组成顺子 78910（红心级牌 10）J。先出顺子，手里还剩 5 张牌，极可能引诱对方出炸弹。

第5章

套牌技术

套牌可以减少出牌的轮次，从而提高胜率。但是，如何套牌，是有讲究的。套牌的战术必须服从于牌局整体的战略安排。

套牌考验的是牌手的综合能力，包括定位、组牌、大局观、记牌、算牌、变牌、拆牌等。

5.1　减少轮次

　　掼蛋其实就是一种轮次的游戏。牌手的全手牌为 27 张。据不完全实战统计，除了炸弹，其他轮次为 7 ～ 11 手，平均为 9 手。而在这些轮次中，谁的控制力强，谁就有机会先把全手牌出完。根据掼蛋规则，谁最先将手中的牌出完，谁就是上游。而对于不具备控制力的轮次，套牌是必不可少的战术。据相关统计，对于不具备控制力的轮次，几乎一半的牌都是靠套牌顺走的。

　　所谓套牌，就是跟着上家顺套一些牌，从而减少出牌的轮次，提高胜率。

　　如下面这副牌（级牌为 2）：

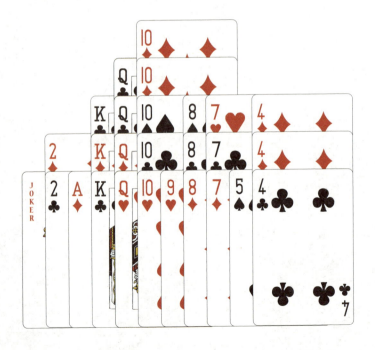

在这副牌中，牌面比较整齐，牌力也在中上等水平。上家领出，打出单牌 3，牌手顺势而为出单牌 5。

套牌考验的是牌手的综合能力，包括定位、组牌、大局观、记牌、算牌、变牌、拆牌等。

套牌的战术必须服从于牌局整体的战略安排。

套牌，有减少轮次和增加轮次两种方式。减少轮次，一般是在开局之初运用；增加轮次，一般是在中后期运用，特别是残局阶段。

5.1.1　套上家的牌

能不能套上家的牌，需要根据己家牌力的强弱来决定。如果全手牌有争取上游、二游或三游的机会，就可以跟着顺套；如果是定位于下游的牌，那就没有必要套牌了。

在掼蛋博弈中，上家想方设法出下家不好套的牌，而下家想方设法套上家的牌来减少轮次。

上家出牌时己家就有套牌的机会，尤其是在开局之初。因为开局阶段己家的弱点还没有完全暴露，对方也无法通过牌面充分地交流信息，上家领出牌时无法判断应该出什么牌，这就增加了己家顺牌的机会。

掼蛋俗语"放上家炸下家"，其目的就是方便套上家的牌。而"炸上家放下家"，即在己家牌力弱的情况下，让对家套下家的牌。

当牌力强且无上家所出的牌型时，己家可以考虑直接封压，亮出自己的牌型。

在行牌初期，己家可以跟着上家套牌，但随着牌局的推进，轮次渐多、手中的牌渐少，就不能再有这种想法了，要及时控制轮次。

5.1.2　顺套对家的牌

在行牌中，特别是在开局阶段，领出牌者基本上都会选择打自己的优势牌型，而且具备收回出牌权的能力，因此有"有打有收""谁打谁收""轻易不接对门牌"的掼蛋俗语。但是，也有特殊情况，当己家牌力强、牌面整齐、炸弹多、轮次具有控制力时，可以套对家的牌减少一个轮次。此时的套牌也是向对家发出主攻的牌语，让对家注意配合，有条件的话争取打对方双下。

如下面这副牌（级牌为2）：

这副牌的牌型整齐，炸弹无论是数量还是质量都比较有优势，争上游的概率很大。对家领出44433，上家压牌88855，

己家此时可以出 KKK44 套一个轮次。

如果己家牌力强，上家领出己家没有优势的牌型后，己家可以封牌（阻断对方的优势轮次）。

无论是套上家的牌，还是套下家的牌，都要实时根据对方尤其是上家出的轮次随机应变进行套牌。

5.2 增加轮次进行套牌

在牌局的中后期阶段，双方的优劣轮次基本上已经明晰。鉴于这个比较明确的信息，先手发牌方肯定会延续优势轮次。此时，如果牌型不齐全，牌手可根据自己的牌力增加轮次，这是跟牌方的选择之一。

那么，如何增加轮次进行套牌呢？

5.2.1 保留能变化的轮次

在开局阶段，要先套不能变化的轮次，再套能变化的轮次。

能变化的轮次如"232"型，如下面这副局部牌：

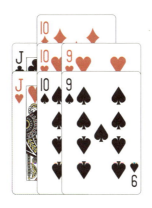

这类牌型在掼蛋牌局中经常出现，可以变成三连对和单牌，也可以变成三带对和对牌。

类似的能变化的轮次还有很多，具体内容见"变牌"部分，这里不再重复赘述。

5.2.2　拆牌套牌

很多组合好的牌型，由于牌型与对方出的轮次不一致，导致牌手无法顺利套牌。在这种情况下，一般会采取拆牌套牌。

下面是一些常见的拆牌套牌的方式：

♥ 拆对牌

当自己没有单牌只有对牌时，此时要学会拆对牌。拆了对牌，就会出现单牌轮次，这不仅增加了轮次，还可以阻挡下家的小单牌。接下来，有对牌和单牌轮次时，只要套出去其中一个轮次，就可以形成冲刺牌型。

如下面这副局部牌：

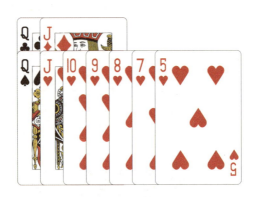

在这副局部牌中，只需要对牌轮次。若上家出单牌，此时己家可以拆 QQ 或 JJ，拆牌后，就可以听单牌和对牌两个轮

次。如此一来，就增加了听牌的轮次，无论是单牌还是对牌，只要套走一个轮次，就可以进行冲刺。

　　♥ 拆长轮次牌型

　　长轮次牌型是指三连对、三带对、三顺等。拆长轮次牌型，可能会增加轮次。

　　如下面这副局部牌：

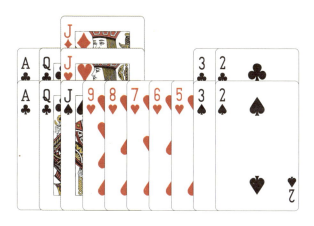

　　在这副局部牌中，最初的组牌方式为三连对 AA2233、同花顺 56789、三带对 JJJQQ。这种组牌方式尽管轮次较少，但 AA2233 是赘牌，只有获得出牌权才能发牌，而且没有收回的能力。若上家出对牌 22，己家可以考虑拆 AA2233，顺套 33。这样就能增加对牌轮次。如果接下来对方领出单牌，还可以考虑拆 QQ，从而增加单牌轮次。如此一来，AA、Q、JJJ22 这三个轮次就可以顺套，从而使对方难以防范。

5.2.3　拆炸弹优化轮次

　　拆炸弹优化轮次，即根据牌局的变化及时拆掉炸弹调整自己的牌型，不要舍不得拆炸弹。

如下面这副局部牌：

在这副局部牌中，有四头炸 6666，还有对牌 77、88、44、55 和对大王。若先打对子，需要 4 次才能把小对子出完。

如此组牌，不仅对子太小，同时出对子还不能收回出牌权，且出牌轮次较多。如果拆四头炸，组成三连对 445566 和667788。如此一来，就可优化轮次，三连对不仅很难被阻击，还可以逼迫对方出炸弹。

第6章

炸牌技术

炸弹是最强的牌型，可以压住所有其他牌型。作为掼蛋牌局中锋利的武器，炸弹具有扭转牌路、闯关与阻击闯关、护牌与阻挡等作用。因此，如何合理使用炸牌，就成了掼蛋技巧中的重点。

6.1 炸弹的作用

所谓炸牌，是指在掼蛋牌局中使用炸弹炸其余牌手的牌。

掼蛋的牌型多样，包括普通牌型和炸弹牌型。普通牌型有 7 种，即单牌、对牌、三同张、顺子、三连对、三顺、三带对。炸弹牌型有 3 种，即头炸、同花炸、王炸。

根据掼蛋牌局规则，炸弹是最强的牌型，可以管控其他 7 种普通牌型，而普通牌型只能与同牌型比较大小。

据统计，一副牌中 4 人共有 8.5 个炸弹。头炸有 6.8 个，其中，5.6 个四头炸，0.9 个五头炸，0.2 个六头炸，0.1 个七头炸或八头炸；1.6 个同花炸；0.1 个王炸。实战中几乎见不到没有炸弹的牌局。

既然炸弹如此宝贵，那么就不能乱炸、瞎炸，一定要让它起到重要的作用。

6.1.1 炸弹可以扭转牌路

作为掼蛋牌手，对于自己手里的这副牌，一定要有一个整体的把握。有时候要抢先，自己先展开攻势；有时候要让对方先走，自己则见机而行。这是根据具体的牌型和对方的应对策略随时调整的，而炸弹就是调整和应对的关键。

行牌之初，由于双方的优劣势尚未完全暴露，所以牌手主要通过顺套减少手数。但随着行牌的推进，当牌路渐明、手中的牌渐少，对方不断出己方没有的牌型，或余牌已无顺套的可能和必要时，要及时利用炸弹制止，并把牌路扭转到己家的优势牌型上。

在掼蛋牌局中，90%的炸弹所起的都是这个作用。

在扭转牌路的时候，大炸和小炸的功效相同。

6.1.2 炸弹可以闯关或阻击闯关

炸弹的作用不仅仅在于扭转牌路，还可以用来闯关或阻击闯关。

在掼蛋牌局中，上游决定胜负。在一副牌中，常见的上游方式有炸弹获胜、闯关获胜、听牌获胜、偷袭获胜；而胜率高的方式有炸弹获胜、闯关获胜。

炸弹获胜，也就是经常说的好牌，即炸弹多，牌手将手里的小牌护送走，余牌还有最后一手或更多的炸弹。

闯关获胜，即牌手在全手牌出完前的最后一手牌，打出之后牌手获得本副牌的上游。如果把上游比作终点，闯关就是常见的冲线方式。闯关的关键是如何在出最后一手牌之前获得出牌权。

下面看看闯关的几种方式：

炸弹闯关——炸弹多，需要护卫的小牌少，最终剩一手牌或更多的炸弹。炸弹越大，闯关成功的概率就越大。

登基牌闯关——倒数第二轮出的牌恰好无人能敌，也就是炸弹或大牌刚好够用，没有浪费。若对方无炸弹，则闯关成功。这种闯关方式比第一种闯关方式成功的概率小很多。

组牌闯关——手中持有一组牌与一手牌，如果牌手打出组牌后，其他牌手没有进行压制，那么此时打出最后一手牌则闯关成功。这种闯关方式成功的概率比上述两种又小了一些。

所以，无论是闯关还是阻击闯关，炸弹的作用都不容小觑。

6.1.3　炸弹的护牌与阻挡作用

　　若炸弹牌力较强，在残局阶段，可以抵御或震慑对方，护走一些赘牌。

　　如下面这副局部牌：

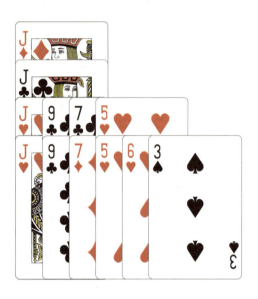

　　这副局部牌为己家牌手的余牌，根据推断，对方有 2 个大王、己家可以接风。在这种情况下，己家出红心 6，对方无论拆不拆对大王，都与三游无缘。在掼蛋牌局中，通常情况下是"一炸保两单"。在这个例子中，一炸护送走了 5 手赘牌，可谓炸弹护牌的经典案例。

　　总之，在掼蛋游戏中，炸弹既可以破坏对方争得上游的轮次，也可以作为确保自己争得上游的攻击牌，还可以作为攻守兼备的护牌，或掩护一些赘牌，或阻拦对方牌力的发挥。

6.2　明确炸牌的目标

炸弹的使用情况，最能体现一个掼蛋牌手牌技水平的高低。在掼蛋牌局中，经常出现这些情形：有的牌手秉承有炸弹就炸，见大牌就炸，结果后面既无力冲刺，也无力防守；有的牌手却惜炸弹如金，有炸弹也舍不得炸，结果成了一手废牌；有的牌手明明自己跑牌，却拼命炸上家；有的牌手明明自己的牌没有用，却拼命炸下家……

类似的情形都说明牌手不知道如何使用炸弹。换句话说，就是不知道该炸谁的牌、炸什么样的牌、什么时候出炸弹最合适，以及如何出炸弹。

那么，应该如何合理炸牌呢？

合理炸牌，首先应该明确自己的炸牌目标，即炸谁的牌，炸什么样的牌。

6.2.1　炸谁的牌

炸牌，首先要明确炸谁的牌。

在掼蛋牌局中，很多初学者在使用炸弹的时候比较冲动，说得直白一点，就是看不顺眼就开炸，无论是上家还是下家，甚至连对家都不放过。

正常情况下，炸弹尽量用来炸上家；在没有充分依据和把握的情况下，不要轻易炸下家。一般来说，炸弹炸下家，表示牌手的牌力强，想争上游，体现的是强势牌。

但需要注意的是，不要轻易炸下家并不代表不能炸下家。比如，当己家进入冲刺阶段时，就可以炸下家。由于上家冲刺仅剩一手牌，为了减轻搭档防守的压力，炸下家是为了阻止其送对家。也不排除有时为了配合搭档而炸下家，进行佯攻，吸引对方的火力，保证搭档顺利上游。

在实际的牌局中，炸谁的牌，需要考虑各种因素，如手牌的整体牌力、牌局的走势等。

这里，要分几种情况：

♥ 牌力强时炸谁

若牌力强、炸弹多、控牌多、轮次少，则可初步定位为争上游的牌。炸弹要炸对方的主攻者、对方中跑牌多者、不符合正常出牌程序者。

对方的主攻者，牌力较强，若放任其出牌的话，容易让其形成冲刺之势，比较危险。

对方中跑牌多者，即在行牌过程中，连发组牌或者顺套了不少牌，因此牌手要及时用炸弹制止，避免其过早形成冲刺之势。

不符合正常出牌程序者，也是比较危险的。符合正常出牌程序者，或许牌力弱，或许隐藏得比较深，一般发现不了他的威胁；而不符合正常出牌程序者在行牌的过程中，易暴露他的不良企图，因此可以选择炸他。

如下面这副局部牌（级牌为 2）：

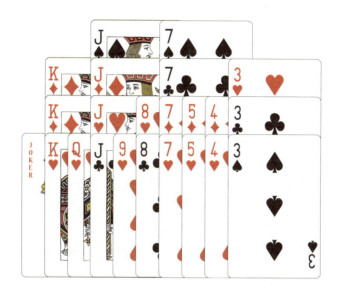

在这副局部牌中，上家领出牌33，己家出44，下家出KK。通过下家的出牌信息——用大对牌阻挡对家的小对牌，己家可以认为下家有明显的不良企图。在己家牌力强的情况下，一般要及时用炸弹制止，避免其获得出牌权。

♥ 牌力中等时炸谁

对于牌力中等的牌而言，要么炸弹不够，可能只有一个炸，大小王也有一到两个，轮次有但没有绝对控制权；要么牌型复杂，炸弹有两个或三个，单控不占优势，多个小的三带对，或者有两个同花顺、两三个小顺子、多个对牌；要么轮次很多，有两个炸弹、一个王，剩下的都是对牌。即有炸弹、控牌一般、牌型散，初步定位为攻守兼备，可在助攻中根据需要转为主攻，也可在主攻中随机应变转为助攻。炸弹主要用于攻和守，如果对家牌力强，那就掩护对家争上游。

♥ 牌力弱时炸谁

若牌力弱，即炸弹少或者没有炸弹、控牌少、轮次多，可定位为下游牌。炸弹主要用于防守，破坏对方争上游的机会。

吸引对方的炸弹帮对家减轻压力，是一个比较高效的技术手段。即开局就高打高收，遇到对方封牌就开炸，引诱对方跟着炸，从而消耗对方的炸弹和牌力，掩护搭档争上游。

6.2.2　炸什么样的牌

炸弹是掼蛋牌局中最锋利的武器，可以压住其他所有牌型。那么，在炸牌的时候，应该炸什么样的牌最合理呢？

♥ 首选对方的炸弹

炸对方的炸弹是最佳的选择。

如下面这副局部牌（级牌为 A）：

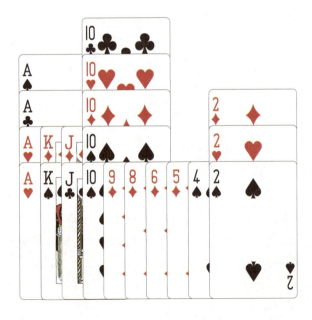

在这副局部牌中，上家领出顺子 34567，己家过牌，下家过牌，对家出顺子 56789，上家过牌，己家再次过牌，下家出四头炸 7777，对家过牌，上家过牌，己家出同花顺 567（红心级牌 A）89 立牌。

显而易见，用炸弹炸对方的炸弹是最佳的选择。

这里需要注意一点，跟炸要根据牌局的形势及自己手牌的情况，避免冲动跟炸。冲动跟炸是掼蛋牌手最容易犯的错误之一，见牌就压，见到炸弹就不服气。

♥ 次选登基牌

登基牌是同牌型中最大的牌。在这里，登基牌包括自然登基牌和新晋登基牌。

比如，双大王既可以控制两手单牌，也可以控制一手对牌。再比如，主牌的三带对可控制三带对，拆成对牌后有可能登基，后期单主牌也有登基的可能。

当对方牌力过于强大时，打出的牌个个登基，此时可保存实力，争取打对方另一个牌手的下游。

6.3　出炸弹的时机

出炸弹的时机也被称为"炸点"。找到炸点是赢得掼蛋牌局的关键。能否把握住出炸弹的最佳时机很多时候成了牌局输赢的决定性因素。

在掼蛋牌局中，如果出炸弹的时机恰当，炸在炸点上，通常能一击让对方"短路"。但如果炸点偏早，则火候未到，即使炸了对方，之后也得把牌送给对方；如果炸点偏迟，则为时已晚，再开炸也没有意义了。

♥ 当出现最后一张王时，可开炸

当对方打出牌局中最后一张王时，单牌基本上已经打完，通常要打出主力轮次，而一旦对方打出主力轮次，其搭档肯定会配合，此时再想阻拦，就不容易了，所以要先开炸，不让对方把牌型亮明。

♥ 当没有顺牌的可能和必要时，可直接开炸

在实际的掼蛋牌局中，使用炸点的时机是千变万化的，其中非常重要的一点是，当没有顺牌的可能和必要时，可直接开炸。

先看下面这副牌（级牌为 2）：

在这副牌中，下家领出 8，对家出 Q，上家出级牌 2，己家出小王，下家过牌，对家过牌，上家出大王。此时，己家出

四头炸 3333 立牌。立牌后，己家领出三连对 445566。此时，己家再顺套 AAA77 便可形成冲刺之势。

下面为一副己家余牌（级牌为 6）：

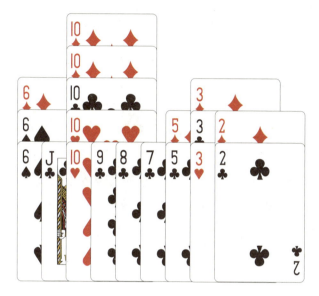

在这副余牌中，己家轮次比较单一，除了三带对，无论对方出什么牌型都会暴露己家轮次单一的弱点，这就会让己方的整体战略受制于人。因此，此时就是出炸弹的好时机。为了获得出牌权，己家应果断出同花顺 78910J 立牌。之后打出 33322，把自己的轮次信息展示出来。

♥ 当对方轮次变得单一时，可开炸

无论是上家还是下家，当推断其轮次变得单一，无法从己家手中套牌且能控制对方的牌时，就是出炸弹的好时机。

比如，己家占单控优势，且有 2 手以上的炸弹，而上家明显没有单牌，且处于启动的节点。此时，己家就可以出炸弹了。

炸弹不能乱炸，一定要炸在对方的启动节点上，否则会消耗己家的牌力，与上游失之交臂。

♥ 当对方余 8 张牌且是"521"型时，可开炸

当对方余 8 张牌且为经典的"521"型时，如果不能推断己家的炸弹一定比对方大，莫不如提前开炸，这样对方的一炸两手牌就不好启动了。

♥ 开炸第一顺

在牌局刚开始的时候，对方出 1 个小顺子，比如 34567。在这种情况下，对方一般都会留着 1 个大顺子以便收回出牌权。因为早期出牌，一般都会遵循"有打有收""谁打谁收"的原则。如果对方只有这一个小顺子，就容易失去出牌权。

所以，当对方领出小顺子，己家作为末家出牌时，如果对家没有要，己家就可以及时开炸。反正对方如果再次出大顺子，己家也要开炸，倒不如直接炸第一顺，让对方的大顺子留在手里，从而离听牌远一些。

♥ 当对方余 5 张牌时，一般要开炸

当对方余 5 张牌时，可立刻开炸。5 张牌，可能的组合牌型为三带对、四头炸加 1 张单牌、同花顺、顺子，无论哪种组合方式，此时不开炸，对方就闯关成功了。

♥ 当尾牌较大时，可及时出炸闯关

当己家有一手较大的尾牌时，若上家出不到自己的轮次上，为了避免下家顺套，己家可立即出炸闯关。

即使闯关失败也能起到以下三个作用：其一，消耗对方的牌力，减轻搭档的压力；其二，减少下家顺牌的机会；其三，把牌路打明，便于搭档传牌。

6.4　诱炸的技巧

　　在掼蛋牌局中，炸弹的威力巨大，那么，如何让对方的炸弹威力变小，甚至完全浪费，从而减少己方的压力呢？

　　诱炸，是消耗对方炸弹的一个行之有效的技术手段。消耗一个炸弹，就能削弱对方一分战斗力，增强己方的牌力；即在己方牌力较好的情况下，采用打出敏感张、以小引大等形式，把握时机，造成威胁，引诱对方出炸弹做出无谓牺牲，以此削弱对方的实力。

6.4.1　大王逼炸

　　在掼蛋牌局中，大王是一种非常强大的牌型，具有很高的点数和牌力。如果能够合理使用大王，可以有效地控制局势，提高胜率。其中一种常见的策略是大王逼炸。

　　大王逼炸是指通过打出大王，逼迫对方出炸弹，进而消耗对方的牌力。具体来说，如果己方手中有大王，可以适时地打出大王，让对方面临两难的选择：如果对方出炸弹，那么己方就可以消耗掉对方的炸弹，削弱对方的防御能力；如果对方不出炸弹，那么己方就可以继续出其他牌型，控制牌局。

　　如下面这副牌（级牌为4）：

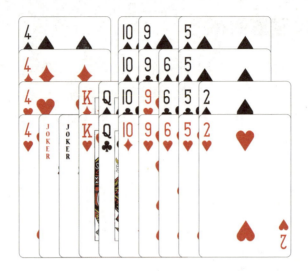

在这副牌中，接近听牌，但由于对子小且无法收回出牌权。所以先出大王逼炸，一方面是为了防止下家顺牌，另一方面是为了消耗对方的炸弹，减轻己方的压力。

6.4.2　用小炸逼炸

炸弹逼炸是一种常见的诱炸策略，通过打出小炸弹，逼迫对方出更大的炸弹或者控制牌型，以消耗对方的牌力。

具体来说，如果己方手中有炸弹，可以适时地打出炸弹，让对方面临两难的选择。

6.4.3　出组牌引炸

在掼蛋牌局中，出组牌引炸也是一种常见的诱炸策略。通过出一些特殊牌型（如三连对、三顺）或者连续出多手组牌，诱导对方打出炸弹。

具体来说，如果己方手中有一些特殊牌型或者连续多手组牌，可以考虑适时地打出这些组牌，诱导对方打出炸弹，进而消耗对方的牌力。同时，通过出组牌或者连续出组牌，牌手也可控制局势，提高己方的胜率。

如下面这副局部牌（级牌为4）：

在这副局部牌中，上家出 QQQ33，己家出 44422，下家出 7777。若己家出 KKK（红心级牌4）22，有可能会让下家又顺了一手牌。直接上三带对中的登基牌 44422，下家不炸，己家再出一手牌就能形成冲刺之势。

当炸弹数量少，但牌面整齐、登基牌多时，要多出组牌，把对方的炸弹引出来，争取己方出炸。

6.4.4　用敏感张诱炸

可以用敏感张诱炸，即当余牌为 2、5、9、10 张时，对方基本会用炸弹阻断。

6.4.5　假装冲刺引炸

残局时，如果手中还有 1 ～ 2 手牌外加几个炸弹，基本上争上游是很有把握的。在保证己家能争上游的同时，如何有效地引诱对方出炸弹、减轻搭档的压力呢？

假装冲刺，是应对这种情形时一种非常巧妙的战术。

假装冲刺可以帮助牌手迷惑对方，影响对方的判断和出牌计划。当牌手选择假装冲刺时，通常会故意表现出一种攻击性的姿态，以误导对方认为他们手中牌力较强。

假装冲刺可以通过多种方式实现。常见的方式是突然连续出一些较小的牌，给对方造成一种己家正在积极进攻的假象。此外，牌手还可以通过调整出牌顺序或故意营造紧张气氛来制造假象。

然而，假装冲刺并非总是有效的战术。如果对方经验丰富或对己家的出牌模式非常熟悉，他们可能会轻易识破假象。此外，如果频繁地使用这种战术，对方也会有所察觉，不再轻易受骗。

6.5　开炸的技巧

当决定开炸时，如果手中有好几个炸弹，应该先用大炸还是小炸呢？如何使用更合理呢？

❤ 出炸要果断

无论手中有多少炸弹，只有在适当的时机打出去，才能压制对方的牌。如果留在手中不打出去，就是一手废牌。因此，在出炸弹的时候一定要果断，确定开炸时机后，要毫不犹豫地打出去。

❤ 上家出牌不宜早炸

在掼蛋牌局中，上家出牌如果己家压不住，不宜过早地打出炸弹，因为对家可能顺一手牌或进行阻断，所以此时开不开炸由对家决定更合适。

上家出炸时，要及时跟炸。上家出炸弹的时候，只要己家的炸弹比他大，都应奋不顾身地跟炸，坚决遏制住上家的跑牌势头。

❤ 小炸及时用，大炸沉住气

在掼蛋牌局中，当小炸（如 3333、4444，当 3 和 4 不为级牌时）较多时，在前期要学会抢先用炸，不然到后期会比较难出，导致炸弹烂在手里。倘若自己手中是大炸，则要沉住气，即使对方挑衅也要适度忍让，要在最关键的时刻出手，使其发挥最大作用。

❤ 灵活性较差的炸弹先用

准备开炸时，应该先用灵活性较差的炸弹。比如，级牌为 2，2222 是最大的四头炸，33333 是最小的五头炸，如果同时有 2 和 3，应先出 33333，因为 2222 的灵活性更好，可拆成 2 个对子或者三带对的登基牌。

♥ 后用含红心级牌的炸

红心级牌是比较灵活的，除了可以组炸弹，还可以组其他牌型，所以"逢人配"的炸弹可以考虑后用。

♥ 强力扭转轮次，用中炸

在掼蛋牌局中，如果自己的轮次有明显的弱点，可以使用稍大的炸弹来扭转轮次。使用稍大的炸弹可以更好地控制局势，让对方面临更大的压力，从而更容易上手。

如果先用较小的炸弹，被对方压住后，想要扭转轮次就需要再次出炸，这样会导致牌力损失较大。因此，在出炸弹的时候，需要根据实际情况选择恰当的时机和方式，避免被对方控制局势。

♥ 想诱炸，用小炸

在掼蛋牌局中，如果想诱使对方出炸弹，可以考虑出小炸弹。这样做的好处是可以让对方误以为你的牌力比较弱或者没有大牌，从而放松警惕。

比如，你的手中有单牌，可以先打出去，然后打出一手小炸弹阻断，这样出牌表明己家的牌力更弱，从而诱导对方误认为有机会压制你，于是便打出了更大的炸弹。这样你就可以消耗掉对方的炸弹，为后续的牌局做好准备。

♥ 尽可能留一个炸弹

打掼蛋，除非万不得已，手里一定要留一个炸弹，要么送对家，要么防双下。如果没有留炸弹的意识，总是有火力就打出去，拼命向前冲，结果常常是徒劳无功。

炸弹是掼蛋中阻断对方的强大武器，手里若没有炸弹，很容易被对方控制住，因此无论手里有再多的大牌，如果对方手中有一炸，己家就无计可施。牌好的时候，手里必须留炸；牌差的时候，手里更要留炸，除非有把握炸出去能有很好的效果，否则不到万不得已，不能轻易地把最后一炸打出去。

♥ 王炸该拆还是该留

在手数少、炸弹少、牌面很整齐的情况下，王炸能留则留。因为手里的牌可以很容易出掉，但关键时候需要王炸来一锤定音。反之，如果手数很多，除了王炸外还有一炸，则4张王牌应当尽早拆开，这样更容易控制局面。拆开后无论是单王还是对王，都等于一炸，4张王牌抱死不出，也只是一炸，炸弹无大小，能控制局面才是关键。

第7章

控牌技术

在掼蛋牌局中，每一位牌手都需要对自己所出的牌、对方所出的牌，以及牌型、牌路、牌局进行控制和把握。控牌能力的高低往往决定了牌手在牌局中的胜负。

　　控牌，是指在掼蛋牌局中通过出牌和调整牌型，控制局势和牌权的能力。控牌能力的高低往往决定了牌手在牌局中的胜负。

　　可以说，打掼蛋的过程就是控牌的过程。控牌是掼蛋牌手的基本功和最基本的素养。

　　在掼蛋中，控制牌权非常重要。因为一旦控制了牌权，就可以根据自己的策略和牌型，灵活调整出牌方式，控制局势。要想成为控牌高手，需要牌手具备较高的判断和决策能力，能够根据牌局的变化和对方的出牌情况，及时做出准确的判断和调整。

7.1　控制牌型

　　除了控制牌权，掼蛋中的控牌还包括对牌型的控制。通过合理的出牌和调整，牌手可以逐渐形成有利于自己的牌型。这需要牌手对牌型的组合和控制有深刻的理解，并能够在牌局中根据实际情况进行调整和运用。

　　对牌型的控制需要分阶段介绍，即开局如何控制牌型、中局如何控制牌型、尾局如何控制牌型。

7.1.1　开局如何控制牌型

　　掼蛋在开局发牌时，一般有两个选择：一是领出优势牌，一是领出劣势牌。

　　♥ 开局领出优势牌

　　在掼蛋牌局中，领出优势牌是一种常见的策略。

首先，领出优势牌可以保证发牌权的延续性，迅速减少手中的牌，并对继续发牌的牌型有选择权。这样不仅可以减少手中的牌，提高出牌效率，而且可以在后续的牌局中更加灵活地调整自己的牌型，拥有更多的选择权。

其次，领出优势牌可以扰乱对方的部署和策略，破坏对方的出牌计划。如果牌手能够通过出优势牌来干扰对方的判断，让对方无法准确地掌握自己的牌型和意图，那么牌手就有机会进一步削弱对方的牌力，从而在牌局中占据更大的优势。

如下面这副牌（级牌为 9）：

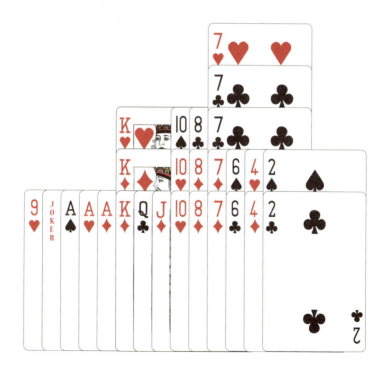

　　在这副牌中，可以组成 4 个三带对，且具有控制力，这样单牌就很少了。这里，三带对就是牌手领出的优势牌。

　　"谁打谁收"是领出优势牌的一种应对方式。

　　"谁打谁收"是指在掼蛋过程中，领出方选择打自己的优势牌，并且由他来收牌。例如，当级牌为 2 时，先出 44，用 22 收回，然后出单牌 4，用大王收回，最终控牌权还在自己手里。

　　"谁打谁收"这种方式既体现了己家和对家的信任关系，同时也避免了将难题推给对家。领出方之所以选择打自己的优势牌，主要基于对牌型的理解和判断，而对家则根据情况选择是否接手。如果领出方能够控制牌型，那么对家就不应该轻易接手，以免将难题推给领出方。

　　在领出优势牌时需要注意的是，虽然优势牌能够给自己提供较大的获胜概率，但也不应过早地将其出尽。因为一旦局势发生转变，手中若没有足够的牌应对，就会陷入被动的局面。

　　❤ 开局领出劣势牌

　　领出劣势牌也是一种比较常见的策略。

　　领出劣势牌可以保存自己的优势实力，随时转守为攻。而且其优势在后，胜率增加。在领出劣势牌时，可以选择一些小单牌或者小对，这样可以等待其他牌型上手，获得控牌机会。

　　如下面这副牌（级牌为 2）：

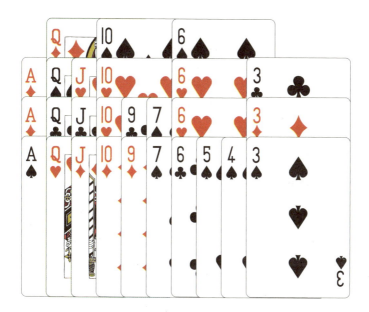

在这副牌中，尽管缺少王牌、红心级牌，但轮次较少，4个炸弹，可以定位为牌力强能争上游。因此，作为首发牌，4和 5 这两张小单牌必须先打出去一手。

并不是所有的牌局都可以领出劣势牌。领出劣势牌必须保证牌力较强，最好炸弹较猛；上手后牌势顺畅，能够冲牌或清牌。

♥ 开局领出对牌

开局时领出对牌，表明牌手当前的牌力比较弱，无法形成有效的组合或控制牌局。

在这种情况下，牌手需要尽可能地利用手中的对牌来制造机会，比如通过配对等方式来调整牌型，或者寻找机会与对家配合，共同控制牌局。同时，牌手还需要密切关注对方的牌型和出牌情况，尽可能地避免被对方利用或陷入更加被动的局面。

虽然开局打对牌是一种无奈的选择，但牌手需要根据自己的实际情况和牌型做出最佳的决策。有时候，利用手中的对牌制造机会或者与对家配合，反而能够取得更好的效果。

己家虽处于劣势，但并非完全不利。在此过程中，己家可以静观对家的变化，伺机配合他。

7.1.2　中局如何控制牌型

中局是掼蛋牌局中最复杂和多变的阶段，那么在这个阶段，如何控牌是重中之重。

在中局阶段，双方的优劣牌型基本已被探明，因此领出方可以根据这个确定的信息来制定延续己方优势的出牌策略。

然而，需要注意的是，虽然领出方出牌具有明确的针对性，但也有可能会被对方利用。因此，领出方需要时刻关注对方的出牌情况和牌型，及时发现对方的变牌和垫手情况，并做出相应的调整。这样可以有效地防止对方利用己方的优势去设置陷阱。

在中局阶段，局势的变数是相当大的。这个阶段往往决定了整个牌局的走向。如果双方势均力敌，那么随着中局的推进，这种局势将会变得越来越明朗，即一方的优势或者劣势会逐渐凸显。

在劣势的情况下，如何扭转局面就成了关键。这需要牌手对局势有深刻的理解和准确的判断，并且需要大胆出招，尝试扭转现有的局势。

面对对方的攻势或者已经形成的优势，单纯的防守已经无法改变局势，这时候就需要通过出其不意的变化来打破僵局。这样的变化不仅可以扰乱对方的节奏，还可以为自己创造机会。

在中局阶段，抓住对方的失误是非常重要的。有时候，胜负就在一瞬间，谁能抓住机会，谁就有可能扭转整个局势。

在中局阶段，牌手的应变能力很重要。当发现危险时，要奋不顾身地挺身而出，及时阻止局势向更加不利于己方的方向发展。然而，这种阻止不是盲目的，一定要对整个局势有准确的判断。

总的来说，中局阶段的策略和技巧是非常丰富的，需要牌手根据实际情况灵活运用。而"变化"和"变招"则是这个阶段的核心策略，只有通过不断的改变和尝试，才有可能在劣势中寻找机会，最终取得胜利。

7.1.3　尾局如何控制牌型

在尾局阶段，局势已经明朗，此时是决定胜负的关键时期。在这个阶段，牌手需要更加谨慎地出牌，因为每一手牌都可能对胜负产生重大影响。

在尾局阶段，失误的风险极大，因为对方很可能会利用这些机会改变局势。因此，每一手牌都要尽可能组成最佳的牌型，不给对方留下机会。同时，也要注意观察对方的出牌情况和牌型，及时调整自己的策略，防止被对方利用。

在尾局阶段，消耗对方实力的做法也是非常重要的。逼火（逼出对方的炸弹）作为一种有效的消耗战手段，能够在对方实力逐渐被消耗的同时，增加对方的心理压力。

在掼蛋牌局中，逼火并不是轻易可以做到的，需要牌手具备较高的牌局判断和决策能力。首先，牌手需要判断自己的牌型是否具备逼火的条件，即手中的牌型是否强大到足以让对方不得不出炸弹。其次，牌手需要密切关注对方的出牌情况和牌型，及时调整自己的策略，寻找机会逼火。

除了逼火，消耗战也是掼蛋中常见的策略。通过合理的出牌和调整，逐渐消耗对方的实力，从而逐渐掌握局势的主动权。消耗战的运用需要根据实际情况来判断，不能盲目跟风或者过于冒险。

总之，尾局阶段是局势最为紧张和关键的时期。在这个阶段，牌手需要谨慎出牌、避免失误，并保持冷静的心态。只有这样，才能够在掼蛋中取得最终的胜利。

7.2 控制单牌

控单，是指在掼蛋牌局中控制单牌的出牌权。

单牌是掼蛋中最常打的牌型，平均占一副牌总手数的41.7%。据不完全统计，一副牌中单牌最多的牌手可打到30手以上，最少的也接近10手，平均有16手之多。

因此，在掼蛋牌局中，控单具有至关重要的作用。通过控制单牌，牌手可以获得更多的主动权和机会，为自己的牌型争取更好的组合条件。一旦控制了单牌，对方的出牌策略将受到很大的影响，这也为自己实施有利的战术提供了更好的环境和机会。

单控是掼蛋牌局中的重要优势，如何牢牢把握单控优势也是非常有学问的。

　　控单的牌一般有三种类型：弱牌控单、中等牌控单、强牌控单。

7.2.1　弱牌控单

　　弱牌控单，是指牌力弱、弱轮次较多、缺少炸弹、牌面不整齐，只有单牌可控。

　　对于这种类型的牌，不仅要控单，还要保留所有牌型的变化权。控牌时，要由中高单牌开始防守，而且是由大及小。

　　如下面这副牌（级牌为5）：

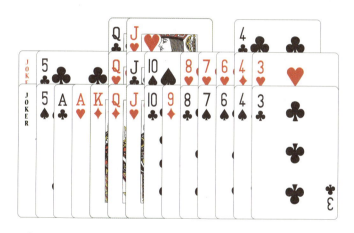

　　在这副牌中，除了单控优势，其他轮次较弱，是典型的弱牌控单。上家领出单牌3，己家出J进行防守。如此防守，可以保留顺子连对的变化权。

7.2.2　中等牌控单

先看案例，如下面这副牌（级牌为2）：

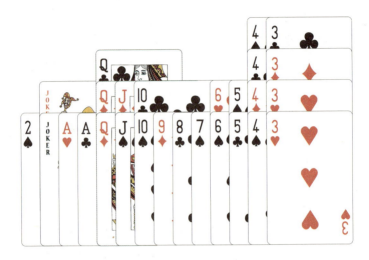

在这副牌中，牌力中等，具有单控优势。在这种情况下，一般采取用中高单牌防守，减少弱轮次。

中等牌力的牌手需要注意控制好自己的起手牌型，确保其具有一定的灵活性和变化空间；尽量避免手中有过多的单牌或无法配合的牌型，以免中后期陷入被动。

7.2.3　强牌控单

牌力强、单控、炸弹多、轮次少，可定位为上游牌。对于这类牌，该如何进行控牌呢？

如下面这副牌（级牌为2）：

在这副牌中，有4个炸弹、3张王牌、1张红心级牌，可定位为上游牌。若起到这类牌，不能肆意挥霍自己的牌力。虽然己家几个轮次就能取得上游，但对家将面临一打二的局面，压力会非常大。对于这类牌，牌手应根据单控的优势，拆分恰当的牌来套牌，逐步消耗对方的牌力，有效地帮对家减轻负担。

如上面这副牌，假设上家领出单牌，己家就可以借助单控优势，通过单牌来消耗对方的大王、炸弹。

7.3 控制上家

在掼蛋牌局中，对下家来说，上家出牌具有非常重要的意义。据不完全统计，平均每家要打9.6手牌，而垫手的比例高达33.6%，其中通过上家直接垫出的牌又占了一半多。这说明上家的出牌对下家有很大的影响。

那么，对于上家的控制有什么要求呢？

7.3.1 巧妙利用上家

上家的出牌可以提供给己家关于牌型的线索。通过观察上家的出牌，己家可以大致判断出上家手中的牌型，进而调整自己的出牌策略。例如，如果上家连续打出多张单牌，己家可以推断上家可能缺少对子或连对等其他牌型，进而利用这一信息来调整自己的牌型或出牌顺序。

根据上家的牌型信息，如果能为己家套牌，放任通行；如果不对路，应立即封杀。封杀，是指阻止对方打出特定的牌型或组合，以保护己方的利益和安全。封杀时需要注意时机和力度，不要过早或过晚地使用封杀手段，以免影响整个局势的走向。

7.3.2 阻止上家传牌

在掼蛋牌局中，如果上家传牌，要及时阻止。如果任由上家传牌，可能会导致下家提前出完牌，影响整个牌局的形势。

当发现上家传牌时，即使己家有需要垫的牌，也应该暂时搁置。因为如果贪图便宜去垫牌，虽然成功地垫上了，但下家可能已经提前出完牌了，导致己家失去控制局势的机会。

7.3.3 阻截上家的冲刺牌

在掼蛋牌局中，对于上家的冲刺牌，除非己家对对家有绝对的把握，否则应该在己家的位次上阻截上家。

这是因为上家的冲刺牌往往具有较大的威胁性，如果任由其打下去，可能会导致整个牌局的形势发生逆转。因此，阻截上家的冲刺牌是维护己家利益和平衡牌局的重要手段。

7.4　控制下家

在掼蛋实战中，有时己家在控制下家的同时，也间接控制了对家。所以，对下家到底控不控制、何时控制、如何控制，颇有讲究。

7.4.1　对单牌的控制

在掼蛋实战中，对下家单牌的控制非常重要，但同时也需要注意，不要过度控制，防止对家也被间接控制。因此，在控制下家的单牌时，需要认真考虑。

控制下家单牌，主要是为了防止其对己方牌型的破坏和干扰，同时也有助于己方更好地调整牌型和出牌顺序。因此，只有在必要时才需要对下家的单牌进行控制。

控制下家单牌的方式包括通过出相应的牌型或组合来压制下家的出牌，或者通过垫牌来调整牌局。但是，在控制下家单牌时，需要注意不要过度控制，以免对家的牌型也被破坏或干扰。因此，需要在恰当的时机采取合适的方式。

在掼蛋实战中，与对家的配合和协调非常重要。在对家需要帮助的时候能够及时提供帮助，不仅可以更好地控制局势，还可以增加胜率。因此，在控制下家单牌的同时，也要注意与对家的配合和协调。

7.4.2　对垫牌的控制

在掼蛋实战中，防止下家垫牌也是非常重要的。在控制下家垫牌时，需要时刻保持警惕，但也不能过于紧张。

首先，要仔细观察己家手中的牌型，判断是否容易受到下家垫牌的威胁。如果己家手中的牌型较为紧凑或者牌力较强，可以考虑采用相应的策略来应对下家的垫牌。例如，根据牌型的变化，采用适当的垫牌和卡牌等手段，控制牌局的发展。

其次，要注意观察下家的出牌情况和牌型，判断其可能的意图和策略。如果发现下家有垫牌的迹象，可以采取相应的措施应对。例如，通过调整己家的出牌顺序或出牌方式来干扰下家的垫牌计划。

总之，防止下家垫牌时既要时刻保持警惕，同时也要根据实际情况灵活运用策略。通过观察和分析牌局的变化和对方的出牌情况，牌手可以更好地制定合适的防守策略。

7.4.3　对传牌的控制

对于上家的传牌，如果己方能够阻截对方的传牌，那么一定要阻截。因为传牌是对方的重要战术，如果使其得逞，对方可能会获得较大的优势。因此，在己方具备足够牌力和局势优势的情况下，应该采取积极的阻截策略，尽可能地干扰对方的传牌计划。

如果能够根据对方的出牌和牌型判断出其可能的传牌计划，那么就可以更好地制定应对策略。例如，如果对方打出某种特定的牌型，那么己方可以提前做好相应的准备，以便更好地阻截对方的传牌。

7.4.4　对冲刺牌的控制

在掼蛋实战中，控制冲刺牌的关键在于破坏冲刺者的出牌计划。

为了实现这一目标，可以采取以下策略。

♥ 封牌时阻截牌型最大的

在行牌过程中，要密切关注对方的出牌情况，尤其是当对方连续出某一类型的牌时，这可能是对方准备冲刺的信号。一旦发现这种情况，应考虑使用相应的封牌策略。不要等到对方开始冲刺了才想到封牌，那时可能已经来不及了。在牌局前期，就应该根据对方的出牌习惯和可能的牌型，提前做好应对冲刺的准备。

在封牌时，应尽量使自己的阻截牌型最大。这样可以增加对方冲刺的难度，降低其出牌的效率。但需要注意的是，封牌到顶并不意味着每次阻截都要使用最大的牌型，而是要根据实际情况进行判断和选择。比如，阻截单牌，不可能一阻截单牌就上大王。

需要特别说明的是，在阻截顺子时，一定要封牌到顶。阻截顺子封牌到顶的好处是不言而喻的，如果对方继续打，他就得下炸弹，代价昂贵；如果己家封牌不到顶，对方接牌到顶，那么付出昂贵代价的就是己家。

♥ 要炸弹给炸弹

"要火给火"是针对一方虚假逼火而言的。

在掼蛋实战中，存在很多虚假逼火的情况，这些超过半数的逼火往往是牌手为了虚张声势、扰乱对方的判断而采取的策略。对于这种虚假逼火，己方可以采取要炸弹给炸弹的策略来应对，从而有效地粉碎对方的阴谋。

当对方逼火时，己方如果判断对方的炸弹是假的，那么可以采取不给炸弹的策略，让对方无法得逞。但是，如果己方手中的炸弹较多，或者有较大的机会进行冲刺，那么就可以采取要炸弹给炸弹这种策略，让对方无法猜测己方的真正意图，从而保持己方的优势地位。

在采取要炸弹给炸弹的策略时，己方需要保持冷静，谨慎出牌。要根据牌局的整体情况和己方的牌型进行综合考虑，制定最合适的出牌策略。同时，己方还需要密切关注对方的出牌情况和牌型组合，以便更好地判断对方的意图和出牌策略。

附录 A　掼蛋诙谐术语

1. 天花板——顺子 10JQKA，也有人称为"食道癌"（10 到 A）。

2. 通天火箭——同花顺 10JQKA。

3. 七道沟（7 到 J）——顺子或同花顺 78910J。

4. 九道沟（9 到 J）——三连对 991010JJ。

5. 姊妹对——数字相连的三连对，如 556677、778899 等。

6. 鼓肚子——牌局中经常出现，如 7788899、JJQQQKK 等，也叫"232"牌型。

7. 天王炸——由 2 张大王和 2 张小王组成的炸弹。

8. 两头晃——6 张同花顺或顺子，如 456789、78910JQ 等，可以随机出两头的任意一张牌，保留完整且连贯的 5 张，增加了牌型的可变性。

9. 正三轮——2 张大王和 1 张小王。

10. 偏三轮——2 张小王和 1 张大王。

11. 毒药——残局时出的小单张，下家如果不控制，让对家再走 1 张单牌，就容易造成冲刺或尽火。

12. 灭鬼灵——在对方打出 1 张或者 1 对大王时，可以用 2222 组成的炸弹炸掉（打 2 时则为 3333，大小王又称"大小鬼"）。

13. 龙牌——炸弹多、牌型非常整齐的牌。

14. 锯齿牌——如 33455677 等，有点像锯条上的齿一样。

15. 春天——A^+ 比 2。打对方的春天，指己方 A^+，对方打 2 "没出窝"；被对方打成春天则反之。

16. 骑马火——压只比自己小一级的炸弹，如用 4444 压 3333，或者用 KKKK 压 QQQQ 等。

17. 借风——若上游出完最后一手牌后，其他三家无人压牌，则由上游的搭档借风出牌。

18. 抗贡——下游者抓到 2 张大王，则不用进贡，由上游者出牌；双下时，如两个人各抓到 1 张大王或任一方抓到 2 张大王，都不要贡牌，由上游方出牌。

19. 倒冲——残局时，对方只剩 4 张，自己握有炸弹和一手牌，为防止对方的 4 张牌是炸弹，往往先打炸弹，后打手中最后一手牌。

20. 秃子——三同张（三不带），如 777 或 555 等，也称"裸奔"。

21. 喂猫——参谋或 A 被对方的大小王压住。

22. 吐痰——出比较小的单牌或有打无收的牌型，如顺子 A2345、小的三带对等。

23. 逼火——主动出单张大王或一对大王、顺子 10JQKA、三参谋带一对的夯、三连对 QQKKAA、三同张 KKKAAA 等很大的牌型，意在逼迫对方出火（炸弹）。

24. 卡压——在对方出小的单牌、对子或三带对等牌型时，用较大的单牌、对子或三带对等牌型压上。如用最大的牌型压上，也称"封压"。

25.顺套——在一方出小的单牌、对子或三带对等牌型时，其他人压上稍微大一点的同牌型牌，也称"顺过"。

26.铁板烧——两个相连的三同张，如 444555、888999 等，也称"双飞"。

27.自杀——下家只有 1 张牌，己家剩 1 个炸弹和 1 张中、小级的单牌，由于不清楚下家的牌级，只好先打炸弹，待上家压不住时再出单牌。

28.垫炸——下家只剩 4 张牌，估计是炸弹，己家用炸弹（如五头炸）压上，对家用更大的炸弹（如同花火箭）压上，再出一手牌，取得上游。

29. 一夯——三带对，如 88855、QQQ77 等。民间流传的掼蛋口诀有"对手七张和八张，可以出顺或打夯"。

30.投机——"投机"本来是指利用市场出现的价差进行买卖，从中获得利润的交易行为。用在掼蛋中，则是指在中、残局时，违反正常的出牌顺序，故意示强，一强到底，利用对方不敢炸的心理取得上游，也称为"偷鸡"。需要注意的是，投机的风险大，需慎用。

31.招商引资——贡牌或双贡的人，起到大王后先放在桌面上，嘴上念叨"招商引资"，期待起到另一张大王好"抗贡"。

32.假牙——对手剩 4 张牌，让他出，结果不是炸弹，牌手会笑着说"假牙"。

33.疯掉了——用最大的同类牌型封牌。

34. 一肚子鬼——对方握有 3 或 4 张大小王（也称大小鬼），会被笑称"你一肚子鬼"。

35.肿瘤——贡牌后收到的回牌（没有用的小单牌），有厌恶的意思。

36. 听牌——引用的麻将术语，指牌手只剩一火一轮或两火一轮了，也叫"熟了"。

37. 一家子——对家（搭档）。

38. 吃苍蝇——对方打参谋（如级牌10），而你用J、Q、K、A去压。

39. 雷锋手——让对方起到很好的牌或抗贡，负责切牌的牌手会自责"我是雷锋手"，意思是毫不利己、专门利人。

40. 定位枪——全场最大的炸弹。

41. 首尾顺——2个顺子首尾相连，如45678和8910JQ，或者12345和56789等。

42. 高单——较大的单牌，一般指J以上的单牌。

43. 跳张——级差太多的牌，如明明有88，却用JJ去压对方的66或77。

44. 一竿收——牌手一下子把手中的很多牌打尽。

45. 出窝——对方领先很多，己方一直没有上游机会而停留在2上，而己方一旦上游，不管能升几级，都如释重负，说"终于出窝了"。

附录B　掼蛋"降龙十八掌"口诀

降龙十八掌是金庸武侠小说中描绘的绝顶武功，淮安掼蛋也有口诀，总结为18句口诀，戏称为"降龙十八掌"。对于初学掼蛋的牌手来说，记住口诀并加以灵活运用，其掼蛋水平就会上一个台阶（仅供娱乐参考）。

牌型谁打谁负责，责任一定要明确；

除单慎接对家牌，只有牌好才接牌。

炸弹要炸第一顺，否则后面还有顺；

封顺就要封到顶，这样封牌是要领。

七张多为五一一，成型牌出为妙招；

八张多为五二一，不出单双是高招。

五打二来六打三，打得对手把眼翻；

九张当作五张打，如打五张你就傻。

十打二来九打一，打成八张不着急；

对手七张或八张，可以出顺或打夯。

牌不好时学会让，让给对家不上当；

残局没火牌较次，就要忌打整轮次。

炸弹如小提前炸，炸不了时头嫌大；

想好出啥再开火，否则开错够窝火。

没有枪时留轮次，牌型也能干大事；
首发轮次要谨慎，轮次发错徒添恨。
炸了下家出单张，这样出牌易受伤；
进贡对方要绕道，进贡对家不必绕。

附录 C　掼牌（掼蛋）赛事纪律准则与处罚规定（试行）

第一章　总则

第一条　目的

为进一步规范掼牌（掼蛋）赛事的健康发展，创造公平的竞赛环境，建立规范的比赛秩序，预防并处罚违背体育运动精神、违反国家法律法规等违法违纪违规行为，切实保障与掼牌（掼蛋）赛事活动有关的组织及人员的合法权益，依据《中华人民共和国体育法》《体育赛事活动管理办法》《体育总局、公安部关于加强体育赛场行为规范管理的若干意见》《掼牌（掼蛋）赛事活动管理办法（试行）》等有关文件，制订本规定。

第二条　原则

按照"谁主管、谁监管""谁办赛、谁负责"的原则，坚持引导、教育、处罚相结合，对掼牌（掼蛋）赛事活动中的赛场行为实施规范管理，依法履行相应管理责任。

各级掼牌（掼蛋）管理机构或组织应建立纪律委员会（或相应职能机构），遵循独立、公开、公正、公平、处罚与教育相结合的原则，对违反本规定的行为及时作出处罚。违反本规定的行为如同时触犯国家有关法律法规的，应当根据相关法律法规的规定，由违规责任人承担相应的法律责任。

第三条　适用范围和主体

适用范围：本规定适用于在中国境内举办的各级各类掼牌（掼蛋）赛事活动，包括但不限于各级体育主管部门或各级掼牌（掼蛋）协会主办、承办的赛事及相关活动。

适用主体：本规定适用于以下组织、自然人：

（一）各级掼牌（掼蛋）管理机构或组织；

（二）参加相关掼牌（掼蛋）赛事活动的运动队（含运动员、领队、教练及随队工作人员等）及观众；

（三）参加相关掼牌（掼蛋）赛事活动的技术官员（含裁判员、仲裁委员会成员、赛事主管等）、竞赛工作人员等；

（四）赛区组委会或组织单位（含主办、承办、协办、执行单位等）及其工作机构人员；

（五）其他和掼牌（掼蛋）赛事活动相关的单位和个人。

处罚效力：本规定同时适用于网络比赛和场地比赛，所作出的所有处罚都将同时适用于后续处罚期限内的网络和场地赛事。

第四条　工作程序

比赛中出现违法违规违纪行为的，应依据有关规则、规定，在经过认真调查取证、认定事实、分清责任的基础上，作出处罚决定，处罚决定由各级体育主管部门或各级掼牌（掼蛋）协会发布。文字、声像等信息资料可作为调查违法违规违纪事件和进行处罚的参考依据。

在国家体育总局棋牌运动管理中心（以下简称"棋牌中心"）参与组织举办的赛事活动中出现违法违规违纪行为，由棋牌中心授权赛事组委会（或相应机构）进行处理，并报棋牌中心备案。处罚决定由棋牌中心审核后发布。

在各级体育主管部门、各级掼牌（掼蛋）协会或其他办赛主体举办的比赛中出现的违法违规违纪行为，按照本规定执行。办赛单位将违法违规违纪行为事实和处罚建议报赛事举办地属地掼牌（掼蛋）协会纪律委员会（或相应职能机构）处理。处罚决定由属地相关管理部门审核后发布。

各级体育主管部门或各级掼牌（掼蛋）协会作出的处罚决定可报上级体育主管部门或掼牌（掼蛋）协会备案。如超出本级单位处理权限的，可报上级单位处理。

对处罚决定不服的，可向发布处罚决定的单位申诉，认定原处罚有误的，应当立即予以纠正。申诉期间不影响处罚决定的执行。

第五条　处罚的条件

（一）无论作为直接违法违规违纪者或参与违法违规违纪者，都应受到处罚。根据参与的程度，视情况可减轻、增加或调整处罚力度；

（二）对于在调查取证过程中，故意隐瞒事实真相、捏造假证伪证者将从重处罚；

（三）本规定中没有明确涉及的其他违法违规违纪行为，只要该行为给掼牌（掼蛋）比赛或活动造成了不良影响或严重后果，都属于应予处罚的范围，可参照本规定的相关条款进行处理；

（四）被处罚对象在掼牌（掼蛋）赛事活动中具有多种身

份时，当其中一种身份被处罚，其他身份也一并受到相应限制。

<h2 style="text-align:center">第二章　处罚的种类</h2>

第六条　处罚的种类

（一）警告；

（二）严重警告；

（三）通报批评；

（四）扣除比赛奖金；

（五）停赛；

（六）取消比赛资格；

（七）取消比赛成绩；

（八）收回奖项；

（九）禁赛；

（十）取消注册资格；

（十一）降低或撤销技术等级；

（十二）停止赛事工作资格；

（十三）列入掼牌（掼蛋）项目黑名单，依照《体育市场黑名单管理办法》，提交主管部门列入体育市场黑名单；

（十四）移送司法机关处理；

（十五）其他纪律委员会认为应当适用的处罚。

上述各类处罚可单独或合并执行；本规定中的处罚可以与其他相关规定的处罚共同执行。

裁判员依据竞赛规则和比赛事实作出的临场裁决及产生的结果，不包含在本规定处理范围内。

<h2 style="text-align:center">第三章　纪律准则</h2>

第七条　掼牌（掼蛋）赛事活动组织者纪律准则

掼牌（掼蛋）赛事活动组织者（包括主办方、承办方和协办方等）应当通过协议明确各自权利义务，要协同做好掼牌（掼蛋）赛场安全保障工作，维护赛场秩序，通过明显标识、标语、现场广播等措施，引导运动员规范参赛和现场观众文明观赛。在赛前要对运动员、教练员、裁判员等人员进行赛场行为道德规范教育。不得发布虚假信息，不得操纵比赛，不得违法使用或泄露参与者个人信息以及其他违法违规违纪行为。

第八条　掼牌（掼蛋）赛事活动参与人员纪律准则

参加掼牌（掼蛋）赛事活动的运动员、领队、教练员、运动队辅助人员、赛事活动组织人员、技术官员、竞赛工作人员等应当遵守相关法律法规，自觉维护国家利益和荣誉，自觉践行社会主义核心价值观，大力弘扬中华体育精神，遵守社会公德，尊重公序良俗，恪守职业道德，保护公私财物，维护掼牌（掼蛋）赛事活动正常秩序。严禁以下行为：

（一）使用兴奋剂、弄虚作假、冒名顶替等行为；

（二）消极比赛、干扰比赛秩序、操纵比赛；

（三）以诋毁、谩骂、吐唾沫、打挑衅侮辱性手势等不文明、不道德的言行侮辱、侵犯相关人员；

（四）严重违反体育运动精神的赛场暴力行为，如恶意打架、群殴，以推、撞、击、打、踢、踩等暴力方式故意伤害相关人员等；

（五）以占据场地、破坏器材等形式故意干扰、阻碍其他运动员比赛，干扰执裁，不服从判罚，攻击裁判员，拒绝领奖，不尊重观众或煽动观众干扰比赛等；

（六）为获得不正当比赛成绩或谋取不正当利益，给予他人财物或非法索取、收受他人财物；

（七）无故弃权或罢赛，或在赛事活动期间饮酒、赌博、打架斗殴；

（八）发表、传播或向媒体散布不实或不负责任的言论；

（九）玩忽职守造成重大事故或者恶劣影响；

（十）其他有悖社会主义核心价值观、违背体育道德、违反公序良俗、违反赛风赛纪、造成不良社会影响或违法违规的言行。

第九条　观众纪律准则

掼牌（掼蛋）赛事活动的观众应当服从赛事活动组织者的管理，配合安检，遵守公共安全、卫生相关要求及观众席秩序，遵守社会公德，文明理性观赛，拍照、录像应符合赛事活动要求、服从工作人员指引。严禁以下行为：

（一）强行进入比赛场内；

（二）发表或展示不文明不健康、有侮辱谩骂性、破坏民族团结、分裂国家、反党反社会主义等方面的言论、旗帜或标语；

（三）携带危险品以及其他禁带物品；

（四）起哄或向赛场投掷杂物；

（五）侮辱谩骂、围攻运动员、教练员、裁判员和相关工作人员；

（六）打架斗殴、寻衅滋事或以任何形式干扰比赛秩序，干扰裁判的执裁工作；

（七）吸烟及乱扔杂物，攀爬、翻越围栏、栏杆及防护架等不文明行为。

在赛场内观看掼牌（掼蛋）比赛时要特别注意：不得以任何方式与比赛运动员进行交流；不得与任何人说话和谈论牌情（回答裁判询问时除外）；不得指出任何违例和错误；不得就任何涉及事实或者规则的问题发表言论（回答裁判询问时除外）；不得走动看牌；观看使用屏幕的比赛时，不得在能看到屏幕两侧情况的位置上看牌；未上场运动员不得观看本队的比赛。

第四章　运动队违法违规违纪的处罚规定

第十条　运动队发生兴奋剂违规，依据国家体育总局《反兴奋剂规则》及相关规定执行。视违规情况对运动员和辅助人员作出取消比赛成绩和参赛资格、停赛、禁赛等处理，对相关运动员管理单位作出警告、停赛、取消参赛资格等处理。运动员发生兴奋剂违规，还将处理直接责任人和主管教练员等相关人员，处理决定抄送有关地方人民政府体育主管部门。涉嫌犯罪的，移交监察机关或者司法机关，依法追究刑事责任。

第十一条　涉及资格审核的比赛，运动员资格造假。处以：涉事运动员（队）取消本次比赛资格及成绩；涉事运动员禁赛2年；参赛单位禁止参加该项比赛2次。

第十二条　报名确定后，未向组委会和赛事主办单位说明理由无故弃权者，根据具体情况，对报名单位或运动员处以：通报批评，并禁止该报名单位或参赛运动员参加同项或同类比赛1次。

第十三条　运动员冒名顶替参加比赛，包括使用他人账号设备冒名顶替参加网络比赛，或者在同一比赛中使用多台设备或多个账号进行比赛。视情节对涉事运动员（包括冒名顶替者和有意被冒名顶替者）和参赛队（对、人）处以：取消若干场次比赛资格及成绩、取消当次比赛资格及成绩、禁赛 1～3 年。

第十四条　在赛场及赛场周围非吸烟区域吸烟；饮酒后进入赛场，或在赛场内饮用含酒精的饮料。视情节，处以：警告、严重警告、通报批评、取消若干场比赛资格及成绩、禁赛 1～3 年。

第十五条　进入赛区（包括赛场及公共区域）未按规定着装者。视情节，处以：警告、严重警告、通报批评。责令不改正者，禁止进入赛场。

第十六条　未按照组委会要求参加比赛开、闭幕式、颁奖仪式或其他组委会组织的必须参加的活动。对全队处以：通报批评。在设有奖金的比赛中，视情节扣除四分之一、二分之一、全部奖金。

第十七条　通过违规通信、智能 AI 设备、他人指导等辅助手段进行比赛。视情节严重程度，处以：取消该队（对、人）本次比赛资格及成绩并通报批评；涉事者个人禁赛 5 年及以上；涉事运动队（对）禁赛 1～3 年。

第十八条　比赛期间，利用各种非法手段传递、泄露和获取比赛牌情或比赛进程等相关信息。视情节严重程度，处以：取消该队（对、人）本次比赛资格及成绩并通报批评；涉事者个人禁赛 3 年及以上；涉事运动队（对）禁赛 1～3 年。

第十九条　比赛期间，以事先商定的各种非法手段传递、泄露和获取比赛牌情或比赛进程等相关信息。视情节严重程度，处以：取消该队（对、人）本次比赛资格及成绩并通报批评；涉事者个人禁赛 5 年及以上，并将其列入掼牌（掼蛋）项目黑名单；涉事运动队（对）禁赛 3～5 年。受到本条处罚的涉事运动员终身不得再组成搭档参赛。

第二十条 比赛中或比赛后私自篡改记分，弄虚作假。处以：取消该队（对、人）本次比赛资格及成绩并通报批评；涉事者禁赛 2 年。

第二十一条 运动员比赛中进行内部交易，有意输牌，存在让分行为和接受让分行为，严重损害他人（队）利益的。视情节严重程度，处以：取消参赛队（对、人）本次比赛的资格及成绩；涉事人员禁赛 5 年及以上；涉事运动队（对）禁赛 3～5 年；涉嫌违法的，移送司法机关处理。

第二十二条 组织和参与针对掼牌（掼蛋）比赛过程和结果的赌博，操纵比赛。视情节严重程度，处以：涉事运动队（对）禁赛 3～5 年；参与者个人禁赛 5 年及以上并将其列入掼牌（掼蛋）项目黑名单；情节严重者终身禁赛，并移送公安、司法机关处理。

第二十三条 为获得不正当比赛成绩或谋取不正当利益，给予他人财物或非法索取、收受他人财物，与赛事组织工作人员进行幕后利益交易。视情节严重程度，处以：涉事运动员（队）通报批评、禁赛 5 年及以上并将其列入掼牌（掼蛋）项目黑名单；涉嫌违法的，移送司法机关处理。

第二十四条 以诋毁、谩骂、吐唾沫、打挑衅侮辱性手势等不文明、不道德的言行侮辱、侵犯相关人员。视情节，处以：涉事人员警告、严重警告、通报批评、取消若干场次比赛资格及成绩、取消本次比赛资格及成绩；有故意伤人行为的，禁赛 2 年并通报批评；对人员造成伤害的，除移交司法机关处理外，禁赛 3 ～ 5 年；情节特别严重的终身禁赛。

第二十五条　在网络赛场及网络空间（含各类赛事联络群组）使用不文明言语引发事端，攻击诋毁他人，对比赛造成不良影响。视情节严重程度，处以：警告、严重警告、通报批评、取消若干场次比赛资格及成绩、取消本次比赛资格及成绩、禁赛 1 ～ 5 年。

第二十六条　比赛期间不服从判罚，攻击裁判员，采取消极比赛、无理取闹、罢赛、封堵赛场等行为故意干扰阻碍比赛，不尊重观众或煽动观众干扰比赛等。视情节严重程度，处以：取消运动员所在队（对、人）本次比赛资格及成绩并通报批评；涉事者个人禁赛 3 年及以上；涉事运动队（对）禁赛 3 ～ 5 年。

第二十七条　以占据场地、破坏器材等形式故意干扰、阻碍其他运动员比赛，有意毁坏比赛场、馆内的设施、器材等物品造成不良影响的。除照价赔偿外，处以：涉事者通报批评，情节严重者禁赛 2 年。

第二十八条　严重违反体育运动精神的赛场暴力行为，如恶意肘击或伸脚、打架、群殴，以推、撞、击、打、踢、踩等暴力方式故意伤害相关人员等。视情节严重程度，处以：涉事者禁赛 5 年及以上、将其列入掼牌（掼蛋）项目黑名单，情节严重者终身禁赛并移交公安、司法机关处理。

第二十九条　如对比赛等存有异议应当启动申诉程序向赛事组委会反映，不得针对组织单位、赞助商、赛事参与者等发表与掼牌（掼蛋）比赛有关的不负责任、无事实依据、蓄意攻击性的不当言论，不得针对肤色、种族、民族、性别、语言、贫富、宗教、国籍地区等发表歧视性言行。前述不当言论、言行包括但不限于在公共场合、接受媒体采访、电视评论时或借助个人微信、微博、博客、网站等各类社交媒体平台，发布赛事和/或赛事合作伙伴的负面信息、散播虚假消息。对违规主体视情节严重程度，处以：警告、严重警告、通报批评、禁赛 3 年以上，对于情节严重造成不良影响者，将列入掼牌（掼蛋）项目黑名单并追究违规主体相关法律责任。

第三十条　未按照组委会要求参加与其相关的会议、活动。对运动队领队或教练处以通报批评。

第三十一条　运动队中出现运动员违法违规违纪事件，除给予运动员本人处罚外，还将根据情况给予领队、教练、代表队及参赛单位相应的处罚。

第三十二条　运动队中的官员、领队、教练等工作人员直接指使或参与了本规定中的违法违规违纪事件，按本规定中的相应条款处罚。

第三十三条　运动队中的领队、教练对运动队缺乏管理，在比赛期间运动员出现严重违法违规违纪行为，未及时制止或制止不力的，视情况给予相应处罚。

第五章　赛事组织人员违法违规违纪的处罚规定

第三十四条　参与运动员（队）间的内部交易、有意传递（泄露）比赛牌情或比赛进程等相关信息。处以：终身停止赛事工作资格并将其列入掼牌（掼蛋）项目黑名单；涉嫌违法的，移送司法机关处理。

第三十五条　比赛期间，不遵守各项廉洁自律规定，接受礼品、现金、有价证券、支付凭证；参加可能影响公正执裁的吃请和各种休闲娱乐活动；参与饮酒、赌博、打架斗殴。违者视情节，处以：警告、严重警告、通报批评、停止赛事工作资格；涉嫌违法的，移送司法机关处理。

第三十六条　在赛区不能有效地履行工作职责，玩忽职守造成严重工作失误、重大事故或者恶劣影响。视情节，处以：警告、严重警告、通报批评、停止赛事工作资格，情节特别严重或屡次违反的，终身停止赛事工作资格；涉嫌违法的，移送司法机关处理。

第三十七条　未按规定请、销假者。视情节，处以：警告、严重警告、暂停1年赛事工作资格。

第三十八条　对参赛队成员有不文明举止，造成不良影响的。视情节，处以：警告、严重警告、通报批评、停止当次赛事工作资格、停止1～2年赛事工作资格；对人员造成伤害的，除移交司法机关处理外，暂停3～5年赛事工作资格，情节特别严重的终身停止赛事工作资格。

第三十九条　主办单位委派的赛事组织人员不得参加所组织赛事的比赛项目。违者视情节，处以：警告、暂停本次赛事工作资格、暂停1年及以上赛事工作资格。

第六章　其他违法违规违纪的处罚规定

第四十条　掼牌（掼蛋）赛事活动组织者等对掼牌（掼蛋）赛场行为疏于管理的，地方体育部门应当依照《体育赛事活动管理办法》责令其改正或处以罚款。涉嫌欺诈或造成重大安全责任事故的，属地体育主管部门或掼牌（掼蛋）协会应当配合体育、公安、市场监管等部门依法依规处理，构成犯罪的依法追究刑事责任。

第四十一条　观众有违反本规定行为的，赛事活动组织者应当依法依规及时制止并妥善处理；相关行为涉嫌违法犯罪的，赛事活动组织者应当及时向公安机关报告，并配合公安机关做好现场处理和后续案件查办工作。

第七章　附则

第四十二条　本规定由国家体育总局棋牌运动管理中心负责解释，并将根据实施情况和掼牌（掼蛋）运动发展的实际对其进行必要的修正。

本规定未列明的，应参照中华人民共和国相关法律、司法解释、法规、行政规章的立法精神进行解释。

第四十三条　本规定自公布之日起执行。